Die Fiat-Falle

Wie das Geldsystem die Welt versklavt
und
warum Bitcoin der einzige Ausweg ist

© 2025 Jörns Bühner
Verlag: BoD · Books on Demand GmbH, Überseering 33,
22297 Hamburg, bod@bod.de
Druck: Libri Plureos GmbH, Friedensallee 273,
22763 Hamburg
ISBN: 978-3-8192-2958-9

Die Fiat-Falle

Wie das Geldsystem die Welt versklavt und warum Bitcoin der einzige Ausweg ist

Jörns Bühner

**Gib mir die Kontrolle über das Geld einer Nation,
und es ist mir egal, wer ihre Gesetze macht."**

Mayer Amschel Rothschild

Inhaltsverzeichnis

„Mehr Inhalte, Aufklärungen & Hintergründe zu wichtigen Themen der Selbstbestimmung und Freiheit auf meinem Telegram-Kanal: t.me/freiheiterschaffen"

Vorwort

Die größte Täuschung der Menschheit

Es gibt wohl kaum eine größere Illusion in unserer modernen Welt als die des Geldes. Wir sind alle mit diesem Geld aufgewachsen und haben es nie hinterfragt. Wir haben es für normal und selbstverständlich gehalten. Wir haben es für gut und richtig gehalten und wir haben stets blind vertraut.

Das Geld regiert unser Leben, strukturiert unsere Zeit, definiert unseren Wert, beeinflusst unsere Beziehungen und bestimmt über unsere Zukunft. Das Geld bestimmt unser gesamtes Leben.

Und doch wissen die wenigsten Menschen, was Geld eigentlich tatsächlich ist, woher es kommt, wer es wirklich kontrolliert und was dieses Wissen, wenn wir es haben, für unser Leben bedeuten kann.

Denn das Geldsystem, in dem wir leben, ist keine neutrale, technische Infrastruktur. Es ist ein Herrschaftsinstrument – perfide, unsichtbar und tief verankert in unserem Denken.

Es ist völlig fehlerhaft und es ist absichtlich so konstruiert, dass es nur sehr wenige bereichert und die große Masse schlicht nur versklavt.

Es ist im Grunde ein Pyramidensystem aus Schulden, Zinslast und Manipulation, das sich ganz perfide als

„Demokratie" tarnt, aber in Wahrheit das genaue Gegenteil ist.

Wir leben nämlich absolut nicht in einer freien Marktwirtschaft, wie man es uns in der Schule beibringt.

Wir leben in einer monetären Diktatur, in der Banken und Konzerne durch Geldschöpfung aus dem Nichts unendliche Macht besitzen, während der arbeitende Mensch durch Steuern, Inflation und Schulden gefesselt wird.

Diese Täuschung ist so tief, so umfassend, dass sie kaum jemand erkennt. Und so bestimmt sie einfach alles.

Der Ursprung dieser Täuschung liegt im sogenannten Fiat-Geldsystem. „Fiat" – das lateinische Wort für „es werde" – beschreibt ein Geld, das keinen intrinsischen Wert besitzt, sondern nur allein durch staatliches Dekret existiert.

Es ist nicht schon lang mehr durch Gold gedeckt, nicht durch Arbeit erwirtschaftet, nicht durch Vertrauen verdient, sondern schlicht per Gesetz verordnet.

Es ist Geld, das einfach aus dem Nichts geschaffen wird, und das durch nichts gedeckt ist, außer durch unser blindes Vertrauen und durch unseren blinden Gehorsam.

Dieses System wurde natürlich nicht zufällig errichtet. Es wurde über Jahrhunderte hinweg vorbereitet, aufgebaut und institutionalisiert. Von Dynastien wie den Rothschilds, den Rockefellers und Warburgs, von Zentralbanken wie der

Federal Reserve und der EZB, von supranationalen Organisationen wie dem IWF, der BIZ und der Weltbank.

Sie alle arbeiten seit mehreren Jahrzehnten, oft im Schatten, meist hinter geschlossenen Türen, an einem Ziel: die völlige Kontrolle über Geld, Wirtschaft, Politik und letztlich: über uns.

Wenn du heute ein Haus kaufen willst und nicht das Geld Cash zur Verfügung hast, brauchst du einen Kredit. Wenn du ein Unternehmen gründen willst, brauchst du Kapital. Wenn du reisen willst, brauchst du eine Bankkarte.

Also, wenn du lebst, brauchst du Geld. Und dieses Geld wird von denselben Kräften kontrolliert, die Medien besitzen, Bildungssysteme beeinflussen, Kriege finanzieren und Pandemien verwalten. Die Verbindungslinien sind klar ersichtlich, wenn man bereit ist, sie auch wirklich zu sehen.

Doch das meiste bleibt unsichtbar. Nicht, weil es vielleicht gut versteckt ist, sondern weil wir nie gelernt haben, richtig hinzusehen. Wir lernen in der Schule, wie man Brüche kürzt, aber nicht, wie Geld entsteht.

Wir lernen, wie man Gedichte interpretiert, aber nicht, wie Banken tatsächlich arbeiten. Wir glauben, in einer Demokratie zu leben und erkennen nicht, dass Geldpolitik völlig außerhalb jeder demokratischen Kontrolle liegt.

Niemand wählt die EZB. Niemand kontrolliert die BIZ. Niemand kann die Federal Reserve zur Rechenschaft ziehen.

Und doch entscheiden genau diese Institutionen über Zinsen, Inflation, Rezession, Konjunktur – und damit über unser aller Leben.

Meine Einleitung ist jetzt ein erster kleiner Weckruf. Sie ist sicher recht unbequem, unbequem für all jene, die lieber weiter glauben möchten, alles sei in Ordnung. Aber auch unbequem für jene, die insgeheim schon länger spüren, dass etwas nicht stimmt, es aber bisher einfach nicht greifen konnten.

Ich habe dieses Buch geschrieben, für alle Menschen die bereit sind, das System wirklich ernsthaft und hintergründig zu hinterfragen. Mit Mut, Neugier und dem festen Willen endlich die Wahrheit über unser Geld, über das Finanzsystem und die kriminellen Machenschaften zu erfahren.

Denn die Krise ist längst real, sie ist da, täglich deutlich spürbarer und sie bedroht uns alle. Die Weltwirtschaft ist hoch überschuldet, das Finanzsystem ein Kartenhaus, das nur durch ständige Gelddruckerei am Leben erhalten wird. Inflation frisst unsere Ersparnisse, Energiepreise explodieren, soziale Spannungen nehmen zu.

Politiker reden von Sicherheit, meinen aber Kontrolle. Medien reden von Transparenz, meinen aber Zensur. Zentralbanken reden von Stabilität, meinen aber Enteignung.

Was jetzt hier in diesem Buch folgt, soll kein Wirtschaftslehrbuch sein. Es soll ein Buch zur Aufklärung und zum Aufwachen sein. Es soll ein Buch zu Deiner Befreiung sein. Eine Befreiung von Irrglauben und den staatlichen Daumenschrauben.

Es beschreibt offen und schonungslos, wie das Fiat-Geldsystem entstanden ist, warum es immer scheitern muss, wer davon profitiert, welche Rolle Krieg, Angst und Digitalisierung darin spielen – und warum Bitcoin die vielleicht erste echte Chance in der Menschheitsgeschichte ist, dieses System friedlich zu überwinden und frei zu werden.

Ich werde nicht schweigen über die Rolle der Rockefeller-Stiftung in der globalen Gesundheitsagenda, über die WHO als Machtinstrument privater Interessen, über das WEF als technokratische Zentrale einer neuen Weltordnung. Ich werde sehr deutlich sagen, was gesagt werden muss. Ohne Scheu, ohne Euphemismus, ohne Rücksicht auf politische Korrektheit.

Dieses Buch ist eine Reise und es beginnt beim Tauschhandel, durchquert die Zeit des Goldstandards, entlarvt die Macht der Banken, seziert das Fiat-System, beschreibt den globalen Umbau der Gesellschaft – und endet in einer Vision. Einer Vision, in der Geld wieder ehrlich ist, Eigentum wieder geschützt ist und Menschen wieder frei sein können. Diese Vision heißt: Bitcoin. Nicht als nur als Investment. Sondern als Instrument der Befreiung.

Wenn du dieses Buch jetzt liest, wirst du Dinge erfahren, die du nicht in den Mainstream Nachrichten hören wirst. Du wirst Quellen kennenlernen, die nicht von Google empfohlen werden. Und du wirst beginnen, Fragen zu stellen, die du dir vielleicht noch nie gestellt hast.

Warum ist Geld immer weniger wert? Warum steigen die Schulden immer weiter? Warum besitzen immer weniger Menschen immer mehr? Warum gibt es immer neue Krisen? Und warum fühlen sich so viele Menschen ohnmächtig, obwohl sie offiziell doch „frei" sind?

Vielleicht wirst du auch wütend oder vielleicht traurig. Vielleicht aber auch verzweifelt. Aber vielleicht wirst du auch wach. Und das ist zunächst das Wichtigste und der erste Schritt.

Denn wenn wir erkennen, dass wir in einem System leben, das uns nicht dient, sondern uns ausnutzt – dann können wir beginnen, dieses System zu verlassen. Und zwar gewaltfrei durch die Erkenntnis, durch das Wissen und die schlichte Verweigerung, weiter auf den vorgegebenen Wegen weiter zu gehen.

Und dann durch eine neue Form des Geldes, das wirklich uns gehört. Nicht den Banken und nicht den Staaten. Nur uns. Das ist keine Utopie. Ich denke, es ist möglich. Aber es muss jetzt beginnen – JETZT.

Frühjahr 2025 - aktuelle <u>wichtige</u> Aktualisierung und Ergänzung

Das Märchen vom „Geld auf der Bank" – und die stille Enteignung im Alltag

Wenn man mit Menschen spricht – egal ob Akademiker, Handwerker oder Rentner – hört man fast immer den gleichen Satz: *„Das ist doch mein Geld auf der Bank."*

Doch dieser Satz ist schlicht falsch. Und zwar sehr gefährlich falsch. Und er zeigt, wie tief die kollektive Illusion sitzt, in der wir leben.

Rechtlich betrachtet ist das Geld auf deinem Konto **nicht dein Eigentum**. War es nie. Es ist ein Kredit, den du der Bank gegeben hast. Praktisch eine Forderung. Eine Zahl auf einem Bildschirm, die dir bestenfalls die Hoffnung gibt, du könntest sie in echtes Bargeld verwandeln – sofern der Automat noch funktioniert, die Bank offen hat und kein Limit greift.

Diese juristische und finanzielle Realität ist sicher für viele Menschen schockierend – aber zentral für das Verständnis unserer heutigen Lage. Denn sie bedeutet im Klartext:

Die Bank kann über dein Geld verfügen. Jederzeit! Du nicht.

Das ist kein Verschwörungsmythos, sondern ganz einfach geltendes Bankenrecht. Seit der Finanzkrise 2008 hat sich dieser Zustand weiter verschärft.

Mit der Einführung von „Bail-in"-Regelungen in der EU wurde gesetzlich erlaubt, dass bei Bankpleiten **nicht mehr der Staat rettet**, sondern **die Einlagen der Sparer selbst herangezogen werden dürfen.**

In einfachen Worten: Deine Ersparnisse dienen der Bankenrettung.

Spanien als aktuelles Warnsignal (Mai 2025)

Die Lage spitzt sich aktuell dramatisch zu. Seit Frühjahr 2025 berichtet u. a. *El Confidencial*, dass in Spanien **Barabhebungen über 3.000 Euro** nicht nur streng registriert, sondern **vorab dem Finanzamt gemeldet werden müssen.** Wer dagegen verstößt, muss mit **Strafen ab 150 Euro** rechnen – selbst wenn es sich um das eigene Konto handelt.

Offizielle Begründung: *Bekämpfung von Geldwäsche und Schwarzgeld.* Tatsächliche Wirkung: Eine weitere Zementierung der finanziellen Entmündigung der Bürger. Alle anderen Länder in der EU folgen jetzt sukzessive und begrenzen Dein Bargeld, bis hin zum vollständigen Verbot.

Es passiert langsam und schleichend, aber kommt sicher. In der Praxis heißt das: Wer größere Mengen Bargeld abheben will, steht unter Generalverdacht. Kontrolle ersetzt Vertrauen. Und der Besitz von Bargeld wird nicht nur erschwert – sondern gleich direkt kriminalisiert. Die Botschaft ist eindeutig:

Du darfst dein Geld besitzen – aber nur, solange du es nicht benutzen willst.

Ein gefährliches Zusammenspiel: Bargeldabschaffung, CBDCs, Kontosperren

Was sich hier abzeichnet, ist kein Zufall. Es ist ein orchestrierter Prozess, der Bargeld aus dem Alltag verdrängen soll – zugunsten vollüberwachbarer digitaler Zentralbankwährungen (CBDCs). Das System zielt auf totale Nachverfolgbarkeit, Koppelung an digitale Identitäten und letztlich auf die Möglichkeit, **individuelle Zahlungsvorgänge zu blockieren oder zu steuern.**

Wer in China mit einem Punktesystem leben muss, weiß, wovon hier die Rede ist. Wer in Europa noch glaubt, das sei „nur in China möglich", wird bald eines Besseren belehrt werden. Spanien ist erst der Anfang. Der Rest der EU wird ganz sicher in Kürze folgen…

Was du tun kannst – jetzt:

1. **Verlasse die Komfortzone der Bankkonten.**

   o Halte keine unnötigen Summen bei Banken.

   o Kenne deine Rechte – und ihre Begrenzung.

2. **Lagere einen Teil deines Vermögens außerhalb des Bankensystems.**

   o In Form von Edelmetallen, Bitcoin (eigene Wallets!) oder Sachwerten.

3. **Erkenne: Nur was du physisch kontrollierst, besitzt du wirklich.**

Diese brutale Wahrheit ist nicht schön. Aber sie ist existenziell wichtig zu wissen. Sie passt natürlich auch nicht in Talkshows oder in Tagesmeldungen oder gar Bankprospekte. Aber sie zu wissen, ist die Voraussetzung dafür, dass du deine Ersparnisse, deine Freiheit und deine Würde bewahren kannst.

Die Fiat-Welt basiert auf Vertrauen – in Institutionen, die längst bewiesen haben, dass sie dieses Vertrauen nicht verdienen. Wer noch glaubt, Banken seien „sicher", hat aus Zypern, Griechenland, Kanada, Nigeria und nun Spanien nichts gelernt.

ACHTUNG – jetzt wichtig zu wissen:

Solange dein Geld auf der Bank liegt, ist es nicht deins!

Es gehört dem System – und wird im Zweifel gegen dich verwendet, sobald es dem System nützt.

(Quellen: El Confidencial, Reuters Spanien, Uncut-News, Multipolar-Magazin, Swiss Policy Research, Blocktrainer.de)

Kapitel 1

Vom Tauschhandel zum Goldstandard – Die Geburt des echten Geldes

„Gold ist Geld. Alles andere ist Kredit."

J.P. Morgan (1912)

Am Anfang stand kein Konto, keine Kreditkarte, keine Zentralbank und natürlich auch kein Euro. Am Anfang war einfach nur der Mensch – mit seinen Bedürfnissen, seiner Kreativität, seinem Überlebenswillen. Was ihm fehlte, holte er sich im Tausch. Das war Fisch gegen Holz, Getreide gegen Leder, Arbeit gegen Werkzeug. Es war einfach, unmittelbar, konkret – aber eben auch begrenzt.

Denn der Tauschhandel funktionierte nur, wenn beide Parteien zur gleichen Zeit das wollten, was der andere besaß. Die berühmte „Doppelübereinstimmung der Wünsche" war selten – und damit entstand der Bedarf nach einem allgemeinen Tauschmittel. Einem Wertaufbewahrungsmittel. Einem Maßstab. Mit einem Wort: Geld.

Aber nicht jedes Material eignet sich als Geld. Es muss bestimmte Eigenschaften mitbringen, wie Knappheit, Haltbarkeit, Teilbarkeit, Transportierbarkeit und Fungibilität. Die Menschheitsgeschichte experimentierte mit vielen Substanzen, wie z.B. mit Muscheln, Steinen, Salz, Vieh, Getreide – bis schließlich Edelmetalle dominierten.

Das war vor allem Gold. Es war selten, unverderblich, leicht zu transportieren, teilbar und allgemein begehrt. Es hatte etwas Mystisches, aber auch etwas Rationales. Denn wer Gold besaß, hatte die Macht über andere, über Dinge und so auch über die Zukunft.

Die frühen Hochkulturen, wie Ägypter, Babylonier und Chinesen, nutzten Gold als Opfergabe, als Tempelschatz und als Herrschaftssymbol. Doch die entscheidende Wende kam mit der Prägung von Münzen. Durch standardisierte Formen, festgelegte Reinheit und durch staatlich sanktioniertem Wert.

Es war der Beginn des Geldsystems, jedoch noch ohne Schulden, ohne Zentralbanken oder Inflation. Geld war ein einfaches Ding und kein Versprechen. Wer es besaß, der konnte handeln. Wer es nicht hatte, konnte es aber verdienen. Es war eine Welt, in der Leistung und Wert noch eine Verbindung hatten.

Aber schon in der Antike zeigte sich, wie schnell dieses ehrliche Geldsystem korrumpiert werden konnte. Die römischen Kaiser verwässerten ihre Silberdenare, mischten Kupfer bei, ließen mehr Münzen prägen als Silber vorhanden war. Der sogenannte „Coin Clipping"-Effekt ist ein antiker Vorläufer der heutigen Inflation und ließ die Preise steigen und das Vertrauen sinken, sowie die Wirtschaft zerfallen. Die Lektion war schon deutlich: Wenn Geld manipuliert wird, folgt der Kollaps.

Im Mittelalter traten andere Formen auf den Plan. In Europa war es zunächst der Silberstandard, in Asien das Papiergeld der Yuan-Dynastie – gedeckt durch Goldreserven.

Und immer wieder zeigte sich: Geld funktioniert nur, wenn es durch etwas Reales gedeckt ist. Wenn es einen inhärenten Wert besitzt oder zumindest repräsentiert.

Sobald diese Deckung fällt, fällt auch das Vertrauen – und mit ihm das System.

Im Zeitalter der Aufklärung, als die Industrialisierung voranschritt und der Handel florierte, etablierte sich der Goldstandard als weltweit gültiges Fundament. Großbritannien machte 1816 den Anfang.

Das Pfund Sterling war in Gold konvertierbar, stabil, verlässlich. Andere Länder folgten.

Der Internationale Goldstandard wurde zu einer globalen Vertrauensinfrastruktur. Staaten verpflichteten sich, ihre

Währungen in einem festen Verhältnis zu Gold zu halten. Die Geldmenge konnte nicht beliebig ausgeweitet werden – sie war an reale Reserven gekoppelt. Das disziplinierte die Finanzpolitik, senkte die Inflation, stärkte das Vertrauen.

Zwischen 1870 und 1914 – dem „goldenen Zeitalter" des Goldstandards – erlebte die Welt ein historisch beispielloses Wachstum, bei zugleich erstaunlicher Preisstabilität. Es war eine Zeit der Innovationen, des Aufstiegs der Mittelschicht, der Mobilität und der Wissenschaft.

Und all das, ohne die Notenpresse anzuschmeißen. Warum? Weil Geld noch etwas Ehrliches war. Es konnte nicht gedruckt werden, es musste tatsächlich erarbeitet werden. Es war knapp, nicht beliebig. Und genau deshalb war es mächtig – und gefährlich für jene, die nach absoluter Kontrolle strebten.

Denn ein ehrliches Geldsystem hat eine große Stärke: Es begrenzt die Macht der Staaten, der Banken, der Kriegsministerien. Wer Gold braucht, um Krieg zu führen, wird es sich zweimal überlegen.

Wer nicht beliebig Kredit schöpfen kann, muss sparen, wirtschaften, haushalten. Genau das aber widerspricht der Gier, der Expansion, dem Machtwillen der Eliten. Und so begann das langsame, aber gezielte Zersetzen des Goldstandards.

Zuerst durch Kriege – der Erste Weltkrieg zwang die meisten Länder, ihre Golddeckung auszusetzen. Dann durch politische Tricks – das Bretton-Woods-System nach dem Zweiten Weltkrieg band zwar die Währungen an den Dollar, doch nur der Dollar war noch mit Gold konvertierbar – und das auch nur zwischen Zentralbanken.

Die Bürger wurden aus dem System ausgeschlossen. Und der alles entscheidende Schritte kam 1971 durch US-Präsident Nixon, der schließlich diese Goldbindung – mit einem Federstrich, ohne parlamentarische Zustimmung beendete. Seitdem leben wir in einer Welt des reinen Fiat-Geldes. Alles, was darauf folgte, wie Inflation, Schuldenexplosion, Vermögenskonzentration, Machtmissbrauch, war nur die logische Konsequenz.

Der Tauschhandel war der Anfang. Gold war der erste ehrliche Fortschritt. Der Goldstandard war die Krönung einer Epoche, in der Geld noch durch Arbeit, Leistung, Knappheit definiert war. Seine Abschaffung war kein Betriebsunfall – sie war ein Putsch. Ein monetärer Putsch gegen das Volk, gegen die Demokratie, gegen die Wahrheit.

Wir haben diesen Bruch nie wirklich aufgearbeitet. Wir glauben noch immer, Geld sei neutral. Dass Zentralbanken uns schützen würden und dass Inflation normal sei.

Doch das stimmt eben nicht. Inflation ist eine schleichende Form der Enteignung. Fiat-Geld ist eine Form der Knechtschaft. Und wer das nicht erkennt, wird niemals verstehen, warum unsere Welt so ist, wie sie ist.

Der Weg zurück zum ehrlichen Geld beginnt mit Erkenntnis. Mit dem Wissen um die Geschichte des Geldes. Und mit dem Mut, daraus Konsequenzen zu ziehen.

Gold war der Anfang. Doch heute, im digitalen Zeitalter, ist es vielleicht Zeit für eine neue Form des ehrlichen Geldes. Wirklich dezentral, knapp, nicht manipulierbar. Doch dazu später mehr.

Quellen:

- Ferdinand Lips: „Gold Wars" (2001)

- Saifedean Ammous: „The Bitcoin Standard" (2018)

- Murray Rothbard: „What Has Government Done to Our Money?"

- Ron Paul: „End the Fed" (2009)

- Rubikon, Multipolar, Uncut-News, Swiss Policy Research

- www.goldseiten.de, www.mises.org

Kapitel 2

Banken, Macht und Monopole: Die Wurzel der Kontrolle

„Ich glaube, dass Banken gefährlicher für unsere
Freiheit sind als stehende Armeen."

Thomas Jefferson

Wenn man die moderne Welt verstehen will, muss man
nicht zuerst in die Parlamente schauen, nicht auf die
Schlagzeilen der Tageszeitungen und auch nicht auf die
bunten Logos der Tech-Konzerne. Man muss dorthin
schauen, wo Geld entsteht – und dorthin, wo es hinfließt.

Denn dort liegt die eigentliche Macht. Banken sind keine
Dienstleister – sie sind Herrscher in Anzug und Krawatte.
Sie stehen nicht außerhalb der Politik – sie machen die
Politik. Und sie haben sich, über Jahrhunderte hinweg, ein
System geschaffen, das so komplex und gleichzeitig so

perfide ist, dass es selbst gebildeten Menschen schwerfällt, seine Grundmechanismen zu durchschauen.

Um diese Macht zu verstehen, lohnt ein Blick zurück: ins Jahr 1910, auf die abgelegene Jekyll Island an der Ostküste der USA. Dort traf sich eine kleine Gruppe von Bankiers und Politikern im Geheimen – unter ihnen Senator Nelson Aldrich, Vertreter der Rockefeller- und Morgan-Banken, und ein gewisser Paul Warburg, Vertreter der Rothschild-Dynastie.

Ziel des Treffens: die Schaffung einer privaten Zentralbank unter staatlichem Deckmantel. Drei Jahre später wurde daraus die Federal Reserve – die US-Notenbank. Offiziell zur Stabilisierung der Wirtschaft gegründet, entpuppte sie sich rasch als das, was sie war: eine Gelddruckmaschine im Dienst privater Interessen.

Die Federal Reserve gehört – anders als viele glauben – nicht dem US-Staat, sondern einem Netzwerk von privaten Banken. Sie ist keine demokratisch kontrollierte Einrichtung, sondern ein Kartell.

Und dieses Prinzip wurde global exportiert: Die Europäische Zentralbank ist ebenfalls unabhängig von nationaler Kontrolle. Ihre Mitglieder sind nicht gewählt, ihre Beschlüsse aber für Staaten bindend. Die Bank für Internationalen Zahlungsausgleich (BIZ) in Basel, oft als "Zentralbank der Zentralbanken" bezeichnet, agiert völlig außerhalb parlamentarischer Strukturen und dann noch mit diplomatischer Immunität.

All diese Institutionen haben eines gemeinsam: Sie schaffen Geld aus dem Nichts. Über das sogenannte fraktionale Reservesystem dürfen Banken mehr Geld verleihen, als sie tatsächlich besitzen. Inzwischen oftmals das Zehn- oder Hundertfache.

Diese Kredite generieren wiederum Zinsen, die jedoch auch real erwirtschaftet werden müssen. Das Ergebnis: Ein System aus künstlicher Geldschöpfung und realer Schuld.

Die großen Akteure in diesem System heißen Goldman Sachs, JPMorgan Chase, Deutsche Bank, UBS, HSBC. Sie agieren als globale Machtzentren, investieren in alles – von Agrarland über Pharma bis hin zu Rüstung – und vernetzen sich mit Regierungen und internationalen Organisationen.

Ex-Goldman-Sachs-Mitarbeiter sitzen an den Spitzen von Finanzministerien, EU-Kommissionen, internationalen Gremien.

Mario Draghi, der ehemalige EZB-Chef und spätere Ministerpräsident Italiens, war zuvor Vizepräsident bei Goldman Sachs. Der frühere US-Finanzminister Henry Paulson ebenfalls. Es handelt sich um ein globales Rotationssystem von Macht.

Diese Banken agieren nicht im Markt, sondern sie formen ihn. Sie setzen Rohstoffpreise, sie beeinflussen Zentralbankentscheidungen, sie schreiben sogar Gesetze mit. Und im Falle eines Zusammenbruchs? Dann werden sie mit Steuergeldern gerettet.

Die Finanzkrise von 2008 war keine Naturkatastrophe, sondern das Ergebnis krimineller Machenschaften im Derivatehandel, abgesegnet durch Ratingagenturen und Politik. Und wer bezahlte? Wir, die Steuerzahler. Wer ging pleite? Mittelständler und Hausbesitzer. Wer gewann? Die Banken.

Doch der Einfluss geht noch weiter. Die Großbanken investieren in Medienkonzerne, in Thinktanks und vor allem in Universitäten. Sie bestimmen, was als wirtschaftliche „Vernunft" gilt, welche Theorien gefördert werden, welche Narrative in den Mainstream gelangen. So wird auch der Nachwuchs gleich mit auf Linie gebracht.

Der Neoliberalismus – die Vorstellung, dass Märkte sich selbst regulieren und der Staat sich heraushalten soll – wurde durch Bankinteressen propagiert. Nicht, um Freiheit zu fördern, sondern um Regulierung zu verhindern.

Gleichzeitig werden alternative Stimmen diffamiert: Wer das Bankensystem kritisiert, wird als Populist, Verschwörungstheoretiker, rechtsextrem oder Antisemit diffamiert. Der Diskurs wird gelenkt.

Und das perfide daran ist: Viele kritische Intellektuelle erkennen zwar die sozialen Folgen, die steigende Ungleichheit, prekäre Arbeit und Wohnungsnot, aber nicht die monetäre tatsächliche Ursache.

So bleibt das System unberührt, weil es unsichtbar bleibt.

Dabei ist die Lösung ja durchaus bekannt: Trennung von Geld und Staat. Trennung von Kredit und Einlagengeschäft. Transparenz bei Zentralbanken. Demokratische Kontrolle der Geldschöpfung. Doch all das wird nicht geschehen – solange die, die profitieren, auch diejenigen sind, die entscheiden.

Die Wahrheit ist unbequem: Wir leben nicht in einem demokratischen Kapitalismus, sondern in einem feudalen Finanzsystem. Es ist eine neue Form der Aristokratie – nicht durch Geburt, sondern durch Zugang zu Kredit.

Wer an der Quelle sitzt, kontrolliert den Fluss. Und wer den Geldfluss kontrolliert, kontrolliert die Welt.

Wir brauchen eine neue Aufklärung – eine finanzielle Aufklärung. Nur wenn Menschen verstehen, wie Geld entsteht, wem es gehört, wie es zirkuliert und wem es dient, können sie beginnen, sich zu emanzipieren. Bildung ist der Anfang. Wissen ist Widerstand.

Dieses Kapitel ist nur ein Ausschnitt, ein erster Blick hinter die Fassade.

In den kommenden Kapiteln werden wir noch tiefer eintauchen – in die Rolle von Rockefeller, Rothschild & Co., in die Mechanismen der Enteignung durch Inflation, in die geplante digitale Kontrolle durch Zentralbankwährungen.

Doch eins ist jetzt schon klar: Wer das Finanzsystem versteht, versteht die Welt. Und wer es verändern will, muss zuerst den Mut haben, es zu begreifen und zu benennen.

Quellen:

- G. Edward Griffin: „Die Kreatur von Jekyll Island"

- Nomi Prins: „Collusion – How Central Bankers Rigged the World"

- Ernst Wolff: „Weltmacht IWF", „Digitale Finanzen – Digitale Kontrolle"

- Catherine Austin Fitts: The Solari Report

- Rubikon, Multipolar, Uncut-News, Swiss Policy Research

- Dokumente der Federal Reserve, EZB, BIZ

Kapitel 3

Das Ende des ehrlichen Geldes: Bretton Woods und die Geburt des Fiat-Zeitalters

„In unserem Geldsystem ist Vertrauen das Einzige, was zählt – und das ist genau das Problem."

Unbekannt

Die Geschichte des Geldes ist auch eine Geschichte des Vertrauens. Wer Geld benutzt, glaubt daran, dass es morgen noch den gleichen Wert hat wie heute. Doch was passiert, wenn dieses Vertrauen erschüttert wird?

Wenn Geld nicht mehr durch etwas Reales gedeckt ist, sondern nur noch ein politisches Versprechen darstellt?

Dann beginnt das Zeitalter des Fiat-Geldes – und mit ihm die systematische Enteignung der Menschen durch eine stille, schleichende Manipulation.

Um zu verstehen, wie wir in diese Situation geraten sind, müssen wir ins Jahr 1944 zurückblicken – nach Bretton Woods, New Hampshire.

Während der Zweite Weltkrieg noch tobte, versammelten sich dort 730 Delegierte aus 44 Nationen, um ein neues globales Finanzsystem zu erschaffen.

Das Ziel: Stabilität schaffen, den Welthandel ankurbeln und zukünftige Wirtschaftskrisen verhindern. Doch wie so oft in der Geschichte verbarg sich hinter den hehren Absichten ein strategischer Plan der Machtprojektion – angeführt von der neuen Supermacht USA.

Das Bretton-Woods-System war ein Kompromiss: Die nationalen Währungen der teilnehmenden Länder wurden an den US-Dollar gekoppelt, der seinerseits mit Gold gedeckt war – zu einem fixen Kurs von 35 Dollar pro Feinunze.

Die USA versprachen, ihre Goldreserven als Vertrauensanker bereitzustellen.

Die anderen Länder mussten sich damit zufriedengeben, ihre Währungen an den Dollar zu binden – und damit de facto ihre geldpolitische Souveränität einzuschränken. Offiziell ein multilaterales System – in Wahrheit ein Dollar-Imperium.

In der Anfangszeit funktionierte dieses System leidlich gut. Der Dollar galt als stabil, die USA verfügten über enorme Goldreserven aus der Vorkriegszeit, und der Wiederaufbau Europas erforderte Kapitalflüsse.

Doch hinter der Fassade begann bereits das Kartenhaus zu wackeln.

Denn das System beruhte auf einem fundamentalen Widerspruch: Einerseits sollte der Dollar als weltweite Reservewährung fungieren – also in Umlauf gebracht werden. Andererseits sollte er jederzeit in Gold konvertierbar bleiben.

Doch je mehr Dollar in Umlauf kamen, desto weniger glaubwürdig wurde die Deckung.

Besonders in den 1960er Jahren wurde dieser Widerspruch immer offensichtlicher. Die USA führten kostspielige Programme: Lyndon B. Johnsons „Great Society", der Vietnamkrieg, weltweite Militärpräsenz.

All das wurde finanziert durch Defizite – also durch Gelddrucken.

Doch während die USA Dollar in die Welt pumpten, blieb der Goldbestand im Tresor der Federal Reserve weitgehend konstant. Die Rechnung war unausweichlich: Es gab schlicht zu viele Dollar für zu wenig Gold.

Einige Länder – allen voran Frankreich unter Charles de Gaulle – erkannten die Gefahr. De Gaulle ließ große

Mengen Dollar gegen Gold eintauschen und öffentlich verkünden, dass „nur Gold ehrlich ist". Die Amerikaner waren alarmiert.

Der „Gold Pool", eine informelle Vereinbarung westlicher Zentralbanken zur Stabilisierung des Goldpreises, brach zusammen. Die Goldreserven der USA schrumpften rapide.

Am 15. August 1971 zog US-Präsident Richard Nixon schließlich die Reißleine: Er schloss das Goldfenster. Ohne Vorwarnung verkündete er, dass die USA nicht länger bereit seien, Dollar gegen Gold einzutauschen – das Ende von Bretton Woods. Es war ein einseitiger Bruch eines internationalen Vertrages.

Kein Konsens, kein diplomatischer Beschluss. Sondern ein monetärer, unrechtmäßiger Staatsstreich.

Seit jenem Tag existiert kein Anker mehr für das globale Geldsystem. Der Dollar – und mit ihm alle anderen Währungen – wurde zu reinem Fiat-Geld: durch nichts gedeckt, beliebig vermehrbar, vollständig unter der Kontrolle politischer und zentralbanklicher Akteure.

Geld wurde zur Fiktion, zur Vertrauensillusion, zur Machtprojektion.

Die Folgen waren gravierend. Ohne Goldbindung konnten Staaten unbegrenzt Schulden machen, Zentralbanken beliebig Geld drucken. Die Inflation stieg, Kaufkraft schwand, Vermögen konzentrierte sich zunehmend in den

Händen weniger. Aktien- und Immobilienpreise explodierten, während Reallöhne stagnierten.

Eine massive Umverteilung begann – von unten nach oben, von Arbeit zu Kapital, von Bürgern zu Banken.

Zugleich veränderte sich die Rolle der Zentralbanken. Sie wurden zu Superinstitutionen, zu „Lender of Last Resort", zu Wächtern über Wirtschaft und Politik.

Ihre Entscheidungen bestimmten Börsenkurse, Währungskurse, Lebensstandard. Und doch sind sie demokratisch kaum legitimiert.

Der Weg ins Fiat-Zeitalter war auch der Beginn der Herrschaft der Technokratie – verborgen hinter komplexem Fachjargon, doch mit enormer Macht ausgestattet.

Der Ausstieg aus dem Goldstandard war kein ökonomisches Versehen. Er war eine bewusste Entscheidung – getroffen von Eliten, die wussten, dass echtes Geld ihre Macht begrenzt. Fiat-Geld ist nicht nur ein monetäres Phänomen – es ist ein politisches.

Es erlaubt Kriege, die niemand finanzieren könnte. Sozialprogramme, die Wähler beruhigen sollen. Bankenrettungen, die das System stabilisieren – und korrumpieren.

Und wie reagierte die Öffentlichkeit? Mit Gleichgültigkeit. Die meisten Menschen begriffen nicht, was geschehen war.

Sie sahen steigende Preise, spürten Kaufkraftverlust – aber verstanden nicht, dass der Bruch mit dem Goldstandard die Wurzel des Problems war. Medien, Schulen, Universitäten – sie alle verschwiegen die wahren Zusammenhänge.

Ein kollektives Vergessen setzte ein. Geld wurde zur Selbstverständlichkeit – seine Geschichte, seine Struktur, seine Schwächen blieben im Dunkeln.

Heute, ein halbes Jahrhundert später, sehen wir die Spätfolgen. Ein globales Schuldenkarussell. Ständige Krisen. Zentralbanken, die die Märkte dominieren. Regierungen, die ohne fiskalische Konsequenzen Geld ausgeben können.

Und eine Bevölkerung, die zunehmend das Gefühl hat, dass „etwas nicht stimmt" – aber nicht genau sagen kann, was es ist. Was 1971 begann, war nicht einfach nur eine neue Phase der Geldpolitik. Es war ein Paradigmenwechsel – weg von der realen Deckung, hin zur virtuellen Manipulation. Weg von Verantwortung, hin zu Macht.

Und dieser Wandel hat unsere Welt tiefgreifend verändert: wirtschaftlich, politisch, sozial. Fiat-Geld ist mehr als nur ein Zahlungsmittel – es ist ein Werkzeug der Kontrolle.

Wer das versteht, wird begreifen, warum so viele heute über Alternativen nachdenken. Warum Bitcoin, Gold und andere Formen „ehrlichen Geldes" plötzlich wieder ins Gespräch kommen.

Nicht aus Nostalgie. Sondern aus Notwendigkeit.

Denn ein System, das auf Schulden, Vertrauen und Täuschung basiert, kann nicht ewig bestehen. Es ist eine Frage der Zeit, bis es implodiert. Und dann stellt sich die Frage: Was kommt danach?

Quellen:

• G. Edward Griffin: „The Creature from Jekyll Island" (1994

) • Ron Paul: „End the Fed" (2009)

• Saifedean Ammous: „The Bitcoin Standard" (2018)

• Ferdinand Lips: „Gold Wars" (2001)

• James Rickards: „Currency Wars" (2011)

• Rubikon, Multipolar, NachDenkSeiten, Uncut-News, Swiss Policy Research

• www.mises.org, www.goldseiten.de, www.bitcoinmagazine.com

Kapitel 4

Inflation als stille Enteignung

„Inflation ist die einzige Art der Besteuerung, die ohne Gesetzgebung funktioniert."

Milton Friedman

Wenn man einen Frosch in kochendes Wasser wirft, springt er sofort heraus. Wenn man ihn aber langsam erwärmt, bleibt er sitzen – bis es zu spät ist. So ähnlich funktioniert Inflation.

Sie kommt nicht über Nacht, sie schreit nicht laut, sie kündigt sich nicht mit Sirenen an. Sie ist leise, schleichend – und genau deshalb so gefährlich.

Denn sie beraubt die Menschen ihrer Kaufkraft, ihrer Sparguthaben, ihrer Zukunft. Und kaum jemand versteht, was da eigentlich passiert.

Inflation ist kein Naturereignis. Sie fällt nicht vom Himmel wie ein Sturm. Sie ist menschengemacht. Genauer gesagt: zentralbankgemacht.

Immer wenn mehr Geld in Umlauf gebracht wird, ohne dass dem ein entsprechendes Wachstum an Gütern und Dienstleistungen gegenübersteht, verliert dieses Geld an Wert.

Das ist keine Theorie, das ist Mathematik. Die Geschichte liefert uns zahllose Beispiele: von der römischen Reichsinflation über die Weimarer Republik bis hin zur Türkei und Venezuela in der Gegenwart.

Doch der moderne Westen macht es subtiler. Statt Hyperinflation erleben wir eine permanente Entwertung über Jahrzehnte.

Die offizielle Inflation liegt bei zwei bis fünf Prozent – inoffiziell jedoch weit höher, wenn man reale Lebenshaltungskosten betrachtet. Mieten, Energie, Lebensmittel, Gesundheit, Bildung – alles wird teurer. Und zwar stetig.

Die Kaufkraft des Euro hat seit seiner Einführung massiv gelitten. Wer 2002 mit 1.000 Euro einkaufen ging, kann heute mit demselben Betrag nur noch einen Bruchteil erwerben.

Dabei wird Inflation von den Verantwortlichen gerne als etwas Positives dargestellt. Die Europäische Zentralbank

(EZB) spricht von „Preisstabilität", wenn die Preise im Jahr um zwei Prozent steigen.

Doch was bedeutet das in der Realität? Zwei Prozent pro Jahr bedeuten etwa 22 Prozent in zehn Jahren. Das ist kein „Stabilitätsanker" – das ist ein schleichender Diebstahl.

Der Hauptverursacher: Die expansive Geldpolitik der Zentralbanken. Nach der Finanzkrise 2008 begannen die Notenbanken rund um den Globus mit „Quantitative Easing" – also dem Ankauf von Anleihen und dem Fluten der Märkte mit frischem Geld.

Die Bilanz der EZB ist von knapp einer Billion Euro auf über acht Billionen gewachsen.

Die US-Federal Reserve steht ihr in nichts nach. Und seit der Corona-Krise wurde die Geldschöpfung in noch nie dagewesener Weise vorangetrieben.

Die Idee dahinter: Mehr Geld soll Konsum und Investitionen ankurbeln. Doch in Wahrheit kam das Geld kaum bei den Menschen an. Es floss in die Finanzmärkte, in Immobilien, in Spekulation.

Die Reichen wurden reicher – weil sie Vermögenswerte besitzen. Die Mittelschicht wurde aus den Städten verdrängt. Und die Armen? Die verloren weiter an Boden.

Denn wer kein Eigentum hat, kann sich gegen Inflation kaum schützen.

Diese Form der Enteignung ist besonders perfide. Denn sie trifft nicht nur die Gegenwart, sondern auch die Zukunft. Wer spart, verliert. Wer vorsorgt, wird bestraft.

Das klassische Sparbuch – einst ein Symbol von Sicherheit und Verantwortung – ist heute ein Garant für realen Wertverlust.

Die Generationen, die mit dem Prinzip „Sparen lohnt sich" groß geworden sind, sehen sich nun mit einer Realität konfrontiert, in der Sparer die Verlierer sind.

Und die Nutznießer? Es sind nicht nur Hedgefonds und Großanleger. Es sind auch Staaten, die ihre Schulden real entwerten können. Denn Inflation ist der beste Freund der Staatsverschuldung.

Wer heute 100 Milliarden Euro Schulden macht und diese in 30 Jahren zurückzahlt, freut sich über eine deutlich geringere reale Rückzahlungssumme – sofern die Inflation mitspielt.

Das ist kein Versehen. Es ist Strategie. Die Rolle der Medien ist auch hier nicht zu unterschätzen. Sie übernehmen oft unkritisch die Sprachregelungen der EZB, sprechen von „vorübergehenden Effekten", von „Lieferkettenproblemen", von „Putinflation".

Doch die Wahrheit ist: Die Inflation war lange vor der Ukraine-Krise da. Sie ist strukturell, systemisch – und politisch gewollt. Wer das nicht ausspricht, macht sich zum Komplizen.

Ein weiteres Problem ist die Manipulation der Messinstrumente. Der offizielle Verbraucherpreisindex (VPI) bildet längst nicht mehr die Realität ab. Er wird ständig angepasst, gewichtet, „harmonisiert".

Produkte, die teurer werden, werden aus dem Warenkorb entfernt und durch billigere ersetzt. So entstehen geschönte Zahlen – während die reale Lebenswirklichkeit der Menschen eine andere Sprache spricht.

Es gibt zahlreiche Studien, die zeigen: Die gefühlte Inflation ist oft doppelt so hoch wie die gemessene. Kein Wunder, wenn man an der Supermarktkasse regelmäßig mehr zahlt und sich fragt, warum das Einkommen nicht mehr reicht. Das ist kein subjektives Empfinden – das ist gelebte Realität.

Und wie sieht es mit der Altersvorsorge aus? Renten werden stets nur unzureichend angepasst. Lebensversicherungen kalkulieren mit Zinsen, die es gar nicht mehr gibt. Betriebsrenten verlieren durch die Inflation ständig an Wert.

Millionen Menschen stehen vor der Verarmung, mindestens vor einer ungewissen Zukunft – obwohl sie jahrzehntelang eingezahlt haben. Legalisierter Betrug auf breiter Ebene.

Inflation ist mehr als nur ein ökonomisches Phänomen. Sie ist ein Instrument der Umverteilung. Ein Mittel zur Kontrolle. Ein Systemfehler, der zum Systemprinzip gemacht wurde. Und sie ist ein Weckruf – für alle, die erkennen wollen, wie tiefgreifend unser Geldsystem in die Gesellschaft eingreift.

Was also tun? Zunächst: verstehen. Die Mechanismen durchschauen. Die offiziellen Narrative hinterfragen. Und dann: handeln. In echte Werte investieren. In Bildung. In Gemeinschaften. In Alternativen zum Fiat-System.

Denn wer auf das System vertraut, wird enttäuscht. Wer auf seine eigene Urteilskraft setzt, hat zumindest eine Chance.

Quellen:

• Otmar Issing: „Einführung in die Geldpolitik" (2003)

• Thorsten Polleit: „Vom Goldstandard zum Geldsozialismus" (2020)

• Ernst Wolff: „Weltmacht IWF" (2014)

• Saifedean Ammous: „The Fiat Standard" (2021)

• Ron Paul: „End the Fed" (2009)

• Rubikon, Multipolar, NachDenkSeiten, Swiss Policy Research

• www.mises.org, www.goldseiten.de, www.destatis.de

Kapitel 5

Zentralbanken: Die unsichtbare Regierung

„Gib mir die Kontrolle über das Geld einer Nation, und es ist mir egal, wer ihre Gesetze macht."

Mayer Amschel Rothschild

Wer glaubt, Regierungen und Parlamente hätten das Sagen, irrt sich. Die wahren Machtzentren unserer Zeit tragen keine Parteifarbe und kandidieren nicht für ein Amt.

Sie agieren leise, diskret, scheinbar neutral – und doch haben sie mehr Einfluss auf unser Leben als jede Regierung: die Zentralbanken.

Ob Europäische Zentralbank (EZB), Federal Reserve (Fed), Bank of England oder Bank of Japan – diese

Institutionen bestimmen mit wenigen Mausklicks, wie teuer unser Leben ist, wie hoch unsere Mieten sind, ob Arbeitsplätze erhalten bleiben oder Massenentlassungen drohen. Sie beeinflussen Zinsen, Kreditvergabe, Börsenkurse, Staatsfinanzierung.

Kurz: Sie lenken das System.

Ursprünglich hatten Zentralbanken eine klare Aufgabe: Die Geldwertstabilität sichern. Doch längst sind sie zu allmächtigen Akteuren geworden – Krisenmanager, Konjunktursteuerer, politische Handlanger.

Und obwohl ihre Entscheidungen gravierende Auswirkungen haben, entziehen sie sich demokratischer Kontrolle. Wer hinterfragt die Entscheidungen der EZB? Wer kontrolliert Jerome Powell oder Christine Lagarde? Die Antwort: Niemand, der echte Macht hätte.

Die Ursprünge der modernen Zentralbanken reichen ins 17. Jahrhundert zurück. Die Bank of England wurde 1694 gegründet, um die Kriegsführung gegen Frankreich zu finanzieren.

Auch die Gründung der US-amerikanischen Federal Reserve im Jahr 1913 war eng mit den Interessen der Bankenelite verbunden.

Der berühmte Geheimgipfel auf Jekyll Island – dokumentiert in G. Edward Griffins „The Creature from Jekyll Island" – zeigt, wie Vertreter von JP Morgan, Rockefeller und Rothschild das heutige Zentralbanksystem aus der Taufe hoben. Ein System, das nicht im Interesse der Allgemeinheit, sondern im Sinne der Finanzelite konstruiert wurde.

In Europa wurde die EZB 1998 ins Leben gerufen – angeblich als unabhängige Institution zur Sicherung der Preisstabilität. In Wahrheit ist sie das Machtinstrument der Eurokratie.

Seit der Finanzkrise 2008 druckt sie Billionen, rettet marode Staaten, stabilisiert Banken – auf Kosten der Bürger. Ihre Bilanzsumme ist von unter einer Billion auf über 8 Billionen Euro explodiert. Das ist kein Geld, das erarbeitet wurde. Es ist Luftgeld. Gedruckt aus dem Nichts.

Die Folge: ein ökonomisches Perpetuum Mobile. Staaten machen Schulden, Zentralbanken kaufen die Anleihen, erhöhen die Geldmenge, senken die Zinsen – und erzeugen damit eine Illusion von Wachstum.

Doch dieses Wachstum ist künstlich. Es basiert nicht auf echter Wertschöpfung, sondern auf immer größeren Schuldenbergen.

Das System lebt von der Hoffnung, dass das Vertrauen nicht schwindet. Doch was passiert, wenn es schwindet?

Der Einfluss der Zentralbanken zeigt sich besonders in der Politik. Während Parlamente über Milliarden debattieren, entscheiden Zentralbanken über Billionen – ohne Wahlen, ohne Öffentlichkeit. Christine Lagarde bestimmt über das Schicksal von 450 Millionen Europäern.

Ihre Worte bewegen Märkte, ihre Zinsentscheidungen enteignen Sparer oder retten Spekulanten.

Und wer hat sie gewählt? Niemand.

Hinzu kommt: Die Unabhängigkeit der Zentralbanken ist ein Mythos. In der Realität sind sie tief vernetzt mit Regierungen, Banken und supranationalen Organisationen. Die sogenannten „Drehtüren" zwischen Wall Street, IWF, Weltbank und Notenbanken sind Legion.

Mario Draghi – Ex-Goldman Sachs, dann EZB-Chef, dann italienischer Premier. Janet Yellen – Fed-Chefin, später US-Finanzministerin. Christine Lagarde – vormals IWF, nun EZB. Eine transatlantische Elite, die sich gegenseitig absichert und das System am Laufen hält.

Auch der Internationale Währungsfonds (IWF) spielt eine entscheidende Rolle. Offiziell hilft er verschuldeten Ländern. In Wahrheit diktiert er Privatisierungen, Sozialkürzungen, Strukturreformen – und sichert so die Rückflüsse an die Gläubiger.

Der IWF ist der verlängerte Arm des westlichen Finanzsystems, kontrolliert von den USA, mit ihrer Stimmenmehrheit. Länder wie Argentinien, Griechenland oder Ghana können ein Lied davon singen.

Die Macht der Zentralbanken beruht auf einem simplen Prinzip: Kontrolle über die Geldschöpfung. Früher war Geld an Gold gebunden. Heute entsteht es durch

Buchungssätze in Computern. Eine Geschäftsbank vergibt einen Kredit – und schafft damit neues Geld.

Die Zentralbank bestimmt dabei den Leitzins, beeinflusst das Kreditvolumen und stellt selbst Liquidität bereit. Geld entsteht aus Schulden. Und Schulden bedeuten Abhängigkeit.

Zentralbanken sind die Architekten dieser Schuldenarchitektur. Sie schaffen Anreize für Staaten, sich zu verschulden. Sie retten marode Banken, anstatt sie abzuwickeln. Sie enteignen die Sparer, um die Spekulanten zu retten. Und sie tun dies im Namen der „Stabilität".

Dabei sind ihre Eingriffe alles andere als stabilisierend. Sie verursachen Blasen – an den Immobilienmärkten, bei Aktien, bei Anleihen.

Wenn die Blasen platzen, greifen sie erneut ein – mit noch mehr Geld, noch tieferen Zinsen, noch größerem Einfluss.

Ein Teufelskreis, der sich immer weiterdreht.

Besonders deutlich wird das bei den sogenannten „Forward Guidance"-Strategien: Die Zentralbank kündigt Zinsentscheidungen Monate im Voraus an, um die Erwartungen der Märkte zu steuern. Märkte reagieren nicht mehr auf Realität, sondern auf Zentralbankprosa.

Ein völlig manipuliertes Spiel, in dem freier Markt und Preisfindung abgeschafft wurden.

In jüngster Zeit häufen sich zudem Bestrebungen, die Macht der Zentralbanken weiter auszubauen – etwa durch die Einführung digitaler Zentralbankwährungen (CBDCs).

Damit könnten Notenbanken direkt auf Bürgerkonten zugreifen, Negativzinsen durchsetzen, Transaktionen überwachen. Es wäre der nächste Schritt in Richtung totaler Kontrolle.

Zentralbanken geben sich technokratisch, neutral, wissenschaftlich. Doch ihre Entscheidungen sind hochpolitisch. Sie bevorzugen bestimmte Gruppen, Regionen, Wirtschaftsmodelle.

Sie entscheiden, wer Zugang zu Kapital bekommt – und wer nicht. Wer gerettet wird – und wer bankrottgeht.

Das ist Macht in ihrer reinsten Form.

Es ist an der Zeit, diese Macht zu hinterfragen. Nicht mit populistischen Parolen, sondern mit analytischer Klarheit. Zentralbanken müssen demokratisch kontrolliert, rechenschaftspflichtig und entmachtet werden.

Denn kein Gremium, keine Behörde, kein Mensch sollte über der Gesellschaft stehen.

Wer das Geld kontrolliert, kontrolliert die Welt. Und solange diese Kontrolle in den Händen weniger liegt, ist Freiheit eine Illusion.

Quellen:

• G. Edward Griffin: „The Creature from Jekyll Island" (1994)

• Ron Paul: „End the Fed" (2009)

• Saifedean Ammous: „The Fiat Standard" (2021)

• Ernst Wolff: „Finanz-Tsunami" (2022)

• Rubikon, Multipolar, NachDenkSeiten, Swiss Policy Research

• www.mises.org, www.goldseiten.de, www.ezbb.eu

Kapitel 6

Rockefeller, Rothschild & Co: Die Architekten der finanziellen Weltherrschaft

„Wer hinter dem Geld steht, steht hinter der Macht."

Unbekannt

Die Geschichte der Moderne ist nicht nur die Geschichte von Technologien, Kriegen und Nationen. Sie ist auch die Geschichte von Familien. Familien, deren Einfluss weit über einzelne Länder hinausgeht.

Familien, die nicht in den Geschichtsbüchern stehen, aber hinter den Kulissen ganze Wirtschaftssysteme lenken.

Die Rockefellers. Die Rothschilds. Die Morgans. Namen, die fast mythisch klingen – und doch reale Macht ausüben.

Wenn man verstehen will, wie das Fiat-Geldsystem überhaupt entstehen konnte – und warum es bis heute besteht –, muss man sich diese Netzwerke ansehen. Denn das heutige Geldsystem ist kein Zufallsprodukt.

Es wurde geschaffen von Menschen mit Interessen und von Eliten mit Zielen. Von Institutionen, die nicht demokratisch legitimiert sind, aber global agieren.

Beginnen wir mit der Familie Rothschild. Im 18. Jahrhundert von Mayer Amschel Rothschild in Frankfurt am Main gegründet, entwickelte sich das Haus Rothschild innerhalb weniger Jahrzehnte zu einer der mächtigsten Bankendynastien Europas.

Seine fünf Söhne wurden in die wichtigsten Finanzzentren entsandt: nach London, Paris, Wien, Neapel und Frankfurt.

Ihre Strategie: Kriege finanzieren – aber immer beide Seiten. Regierungen verschulden – und damit abhängig machen. Gewinne sichern – durch Informationen, durch Netzwerke, durch absolute Diskretion.

Nathan Rothschild in London soll den Ausgang der Schlacht von Waterloo vor allen anderen gewusst haben – dank eines eigenen Kuriernetzes. Diese Information nutzte er, um an der Börse gigantische Gewinne zu machen.

Ein frühes Beispiel dafür, wie Information zu Macht wird – und wie diese Macht das Finanzsystem prägen kann.

Auch das amerikanische Pendant dazu – die Rockefellers – spielte eine zentrale Rolle im Aufbau des heutigen Systems. John D. Rockefeller, Gründer von Standard Oil, war nicht nur der erste offizielle Milliardär der Welt.

Er war ein Meister der Monopolisierung. Durch aggressives Pricing, strategische Allianzen und politische Einflussnahme schuf er ein Imperium, das nicht nur den Ölmarkt dominierte, sondern auch die US-Politik massiv beeinflusste.

Seine Nachfahren bauten diesen Einfluss systematisch aus: mit der Gründung der Rockefeller Foundation, mit der Finanzierung von Think Tanks wie dem Council on Foreign Relations (CFR), mit Beteiligungen an Banken, Medien, Pharmaunternehmen.

David Rockefeller, langjähriger Chef der Chase Manhattan Bank, war einer der Architekten der globalen Finanzordnung nach dem Zweiten Weltkrieg.

Er traf sich mit Staatschefs, Zentralbankern, UN-Vertretern – immer diskret, immer einflussreich.

Der CFR ist dabei besonders erwähnenswert. Gegründet 1921 in New York, wurde er zum inoffiziellen außenpolitischen Zentrum der USA. Fast jeder amerikanische Außenminister war Mitglied.

Auch die Weltbank, der IWF, die UNO – sie alle tragen die Handschrift dieser Netzwerke.

Und sie alle fördern ein Weltbild, das auf Kontrolle, Wachstum und Zentralisierung basiert.

Ein weiteres zentrales Element dieser Struktur ist die Bank für Internationalen Zahlungsausgleich (BIZ) in Basel – oft als "Zentralbank der Zentralbanken" bezeichnet.

Gegründet 1930, ist sie faktisch immun gegen nationale Gesetze, agiert völlig intransparent und dient als Koordinationsstelle der größten Zentralbanken.

In ihrem Exekutivrat sitzen Vertreter von EZB, Fed, BoE, SNB – oft ehemalige Goldman-Sachs-Banker, BlackRock-Manager oder Mitglieder transatlantischer Denkfabriken.

Ein elitäres Netzwerk, das globale Geldpolitik betreibt – ohne jede demokratische Kontrolle. Was alle diese Familien und Institutionen verbindet, ist ein ganz simples Interesse: Kontrolle über die Geldschöpfung.

Denn wer das Geld kontrolliert, kontrolliert den Staat. Und wer den Staat kontrolliert, kontrolliert die Gesellschaft.

Diese Kontrolle wurde im Laufe des 20. Jahrhunderts perfektioniert: durch die Gründung der Fed 1913 (unter maßgeblichem Einfluss der Morgans und Rockefellers), durch den Goldstandardbruch 1971, durch das Bretton-Woods-System und seine Auflösung, durch das moderne Zentralbankwesen.

Es ist kein Zufall, dass viele dieser Entwicklungen unter dem Radar der Öffentlichkeit stattfanden – oft durch

Krisen legitimiert, durch Medien abgesichert, durch Experten „erklärt".

Dabei fällt auf: Immer wieder tauchen dieselben Namen auf. Ob bei der Trilateralen Kommission, dem Weltwirtschaftsforum (WEF), den Bilderbergern oder dem Club of Rome – es sind stets Vertreter aus denselben Familien, denselben Netzwerken, denselben Denkfabriken.

Und ihre Agenda ist klar: globale Governance, technokratische Kontrolle, Eliminierung nationaler Souveränität. Ein zentralisiertes System, in dem Geld nicht mehr Werkzeug, sondern Herrschaftsinstrument ist.

Wer glaubt, diese Familien seien bedeutungslos geworden, irrt. Ihre Vermögen sind heute diversifiziert in Stiftungen, Holdinggesellschaften, Beteiligungsfirmen.

Die Rockefeller Foundation finanziert globale Gesundheitsprogramme – etwa im Bereich Impfstoffe, oft in Kooperation mit der Gates Foundation.

Die Rothschilds sind an Rohstoffen, Banken, Medien beteiligt – meist über diskrete Investmentvehikel. Ihr Einfluss ist subtiler geworden, aber nicht geringer.

Und doch werden sie in den Mainstreammedien selten erwähnt. Warum? Weil ihre Macht im Verborgenen liegt. Weil ihre Netzwerke nicht durch Wahlen legitimiert werden.

Und weil das System, das sie mit aufgebaut haben, auf genau dieser Unsichtbarkeit beruht.

Die Wahrheit ist unbequem: Das globale Finanzsystem ist nicht demokratisch. Es ist oligarchisch. Es wird gelenkt von Eliten, die sich ihrer Verantwortung entziehen. Die Medien beeinflussen, politische Prozesse steuern, Krisen nutzen – und dabei immer eines sichern: ihre eigene Vormachtstellung.

Was bedeutet das für uns? Es bedeutet, dass echter Wandel nicht von oben kommen wird. Er muss von unten kommen.

Durch Aufklärung. Durch Transparenz. Durch Alternativen – wie Bitcoin, wie dezentrale Systeme, wie lokales Wirtschaften.

Solange das aktuelle System besteht, wird es immer wieder zu Finanzkrisen kommen – denn das ist kein Bug, das ist ein Feature. Jede Krise ist ein Machtkatalysator.

Und jede Rettung dient letztlich nur der Stabilisierung eines Systems, das nicht uns dient, sondern jenen, die es kontrollieren.

Quellen:

• G. Edward Griffin: „The Creature from Jekyll Island"
(1994)

• Antony C. Sutton: „Wall Street and the Rise of Hitler"
(1976)

• Carroll Quigley: „Tragedy and Hope" (1966)

• Ernst Wolff: „Finanz-Tsunami" (2022)

• Whitney Webb: „One Nation Under Blackmail" (2022)

• Rubikon, Multipolar, Swiss Policy Research, Uncut-News
• www.mises.org, www.goldseiten.de, www.weforum.org

Kapitel 7

Kriege als Geldmaschine: Wer profitiert vom Leid?

„Wenn meine Söhne es nicht wollten, gäbe es keinen Krieg."

Zitat, das der Rothschild-Familie zugeschrieben wird

Kriege zerstören alles. Sie kosten Leben, reißen Familien auseinander und verwüsten ganze Länder. Doch sie schaffen auch etwas für ganz wenige: gigantische Profite.

In einem Fiat-Geldsystem, das auf unbegrenzter Geldschöpfung und Schulden basiert, sind Kriege kein wirtschaftliches Unglück. Sie sind ein Geschäftsmodell.

Und wenn wir ehrlich sind, müssen wir erkennen: Die Geschichte der letzten hundert Jahre ist nicht nur eine Geschichte der Kriege – sondern der Geldflüsse dahinter.

Wer profitiert vom Krieg? Die Antwort ist einfach: jene, die Waffen liefern, die Länder wiederaufbauen, die Kredite vergeben und durch das Fiat-System mit nahezu unbegrenzter Liquidität versorgt werden.

Ein Blick in die Geschichte zeigt: Fast jeder große Krieg war begleitet von massiver Geldschöpfung. Bereits im Ersten Weltkrieg setzten die kriegführenden Nationen die Golddeckung aus – ein Warnsignal. Papiergeld wurde gedruckt, um das „nationale Überleben" zu sichern.

Die Folge: Inflation, Massenverarmung und wirtschaftlicher Zusammenbruch. Doch für Banken, für die Waffenhersteller und Großinvestoren bedeutete der Krieg einen Boom. Firmen wie Krupp, IG Farben, Vickers oder General Electric fuhren Rekordgewinne ein.

Der Zweite Weltkrieg? Ganz ähnlich. Die amerikanische Rüstungsindustrie wurde zur „Arsenal of Democracy". Die Federal Reserve finanzierte die Staatsausgaben durch Staatsanleihen, während Firmen wie Lockheed, Boeing und General Motors Milliarden verdienten.

Die Wall Street arbeitete eng mit Washington zusammen – und profitierte auf allen Ebenen.

Besonders zynisch: US-Konzerne wie IBM, Ford oder sogar Standard Oil unterhielten Geschäfte mit Nazi-

Deutschland – teils sogar während des Krieges. Antony Sutton hat diese Verbindungen in seinen Büchern detailliert dokumentiert.

Das zeigt: Für einige sind Kriege keine Tragödien, sondern sehr willkommene Gelegenheiten.

Der Kalte Krieg? Er ist ein ökonomisches Dauerfeuer. Milliarden flossen in Rüstungsprojekte, Geheimdienste, Stellvertreterkriege. Vietnam, Korea, Afghanistan, Angola – überall Waffen, überall Kredite, überall Profite.

Das Militärisch-Industrielle-Komplex, vor dem Dwight D. Eisenhower 1961 warnte, wurde Realität: ein Netzwerk aus Politik, Militär und Wirtschaft, das eigene Kriege braucht, um zu existieren.

Nach dem 11. September 2001 setzte sich dieses Muster fort. Die „War on Terror"-Ära leitete eine neue Phase ein: Afghanistan, Irak, Libyen, Syrien. Milliardenbeträge wurden mobilisiert – nicht zuletzt durch die US-Notenbank. Gleichzeitig wurden neue Geschäftsmodelle geboren: Sicherheitsfirmen wie Blackwater, Überwachungsprogramme, Drohnentechnologie. Die Schulden explodierten, die Profite auch.

Und heute? Der Ukrainekrieg ist das aktuelle Beispiel. Milliarden an Rüstungsgütern, Milliardenhilfen, Wiederaufbaupläne, begleitet von Inflationsängsten, Notenbankinterventionen und wachsender sozialer Ungleichheit.

Europa verschuldet sich, die USA liefern Waffen – und Unternehmen wie Raytheon, Lockheed Martin oder Rheinmetall feiern Rekordumsätze.

Was dabei meist nicht gesagt wird: Diese Prozesse wären ohne das Fiat-Geldsystem unmöglich. Ein Goldstandard hätte solche Ausgaben begrenzt. Ein defizitfreies System hätte Zurückhaltung erzwungen. Doch das heutige System kennt keine Grenzen. Es basiert auf Schulden – und Krieg ist der perfekte Vorwand, um Schulden zu legitimieren.

Der Mechanismus ist immer derselbe:

1. Eine Krise wird inszeniert oder instrumentalisiert.

2. Staaten verschulden sich massiv für „Sicherheitsausgaben".

3. Zentralbanken monetarisieren die Schulden – drucken Geld.

4. Rüstungs- und Wiederaufbaufirmen profitieren.

5. Die Bevölkerung zahlt – durch Inflation, Steuerlast und Lebensstandardverlust.

Hinzu kommt die Rolle internationaler Institutionen: Der IWF vergibt „Wiederaufbaukredite" – mit Bedingungen. Staaten müssen ihre Wirtschaft öffnen, privatisieren, Sozialleistungen kürzen. Am Ende ist das Land nicht nur zerstört, sondern auch wirtschaftlich versklavt.

Ein besonders brisantes Beispiel ist die Zerstörung Libyens 2011. Muammar al-Gaddafi plante eine goldgedeckte panafrikanische Währung – unabhängig vom US-Dollar. Dem Land und seinem Volk ging es tatsächlich richtig gut. Wenngleich er ein Alleinherrscher war, so war aber stets für das lybische Volk außergewöhnlich gut gesorgt. Allen ging es besonders gut.

Aber wer sich von globalen Mächten immer mehr befreien will, kann nicht geduldet werden. Wenige Monate später bombardierten NATO-Staaten das Land.

Heute ist Libyen ein gescheiterter Staat. Aber westliche Firmen haben Zugriff auf Öl und Ressourcen. War das etwa Zufall? Nein, in der Politik ist nie etwas Zufall.

Auch Syrien zeigt: Geopolitik und Geldpolitik sind eng verwoben. Die geplante Iran-Irak-Syrien-Pipeline hätte Europas Abhängigkeit von russischem Gas beendet – zum Nachteil westlicher Energiekonzerne.

Der wohl von Geheimdiensten inszenierte Bürgerkrieg kam „passend" – und wird bis heute mit Waffenlieferungen aus dem Westen angeheizt.

All diese Beispiele zeigen: Kriege sind leider kein Ausnahmezustand. Sie sind systemisch. Sie dienen der Umverteilung von Ressourcen, der Stabilisierung des Finanzsystems und der Machterweiterung geopolitischer Blöcke.

Und sie sind nur möglich durch ein Geldsystem, das auf unendlicher Schuldenproduktion basiert.

Die Wahrheit ist: Frieden ist schlecht fürs Geschäft. Für Rüstungsfirmen, für Banken, für staatliche Machtapparate. Deshalb wird er nicht gefördert. Stattdessen wird Angst geschürt – mit Terror, Pandemien, Klimakrisen. Angst rechtfertigt so alle Ausgaben. Und diese Ausgaben halten das System am Leben.

Was ist die Lösung? Echte Geldsystemreform. Ein System, das Krieg nicht belohnt, sondern verhindert. Ein dezentrales Geld, das nicht beliebig vermehrbar ist.

Bitcoin könnte ein solcher Gegenentwurf sein – weil es Knappheit und Transparenz kombiniert. Doch darüber mehr in späteren Kapiteln.

Für jetzt gilt: Solange wir ein Fiat-Geldsystem haben, werden Kriege nicht verschwinden. Denn sie sind sein Lebenselixier.

Und wer das nicht erkennt, wird weiter für ein System arbeiten, das ihn belügt, beraubt – und in den Krieg schickt.

Quellen:

• Antony C. Sutton: „Wall Street and the Rise of Hitler" (1976)

• John Perkins: „Confessions of an Economic Hit Man" (2004)

• Ernst Wolff: „Weltmacht IWF" (2014)

• Whitney Webb: „One Nation Under Blackmail" (2022)

• G. Edward Griffin: „The Creature from Jekyll Island" (1994)

• Rubikon, Multipolar, Uncut-News, Swiss Policy Research
• www.globalresearch.ca, www.mises.org, www.defense.gov

Kapitel 8

WHO, WEF, EU, Gates, Schwab, von der Leyen & Co: Gesundheit und Klima als Vorwand zur Kontrolle

„Das größte Übel in der Welt ist nicht das Böse, das laut und sichtbar daherkommt, sondern das angeblich Gute, das leise mit dem Mantel der Moral daherzieht."

Unbekannt

In den letzten Jahren ist etwas Seltsames geschehen: Gesundheits- und Klimapolitik, lange als Fachbereiche für Wissenschaftler und Umweltaktivisten abgetan, sind plötzlich zu zentralen Hebeln globaler Machtausübung geworden.

Plötzlich werden unter dem Vorwand der „öffentlichen Gesundheit" und des „Klimaschutzes" Grundrechte eingeschränkt, Volkswirtschaften umgebaut und Gesellschaften umgeformt. Doch was steckt wirklich dahinter? Wer zieht die Fäden? Wer profitiert – und wer verliert?

Die Akteure sind nicht unbekannt:

Die Weltgesundheitsorganisation (WHO), das Weltwirtschaftsforum (WEF), die Europäische Union, transnationale Konzerne, sowie einflussreiche Personen wie Bill Gates, Klaus Schwab, Ursula von der Leyen oder auch Christine Lagarde. Sie alle treten auf als Retter, Reformer, Visionäre. Das sind sie absolut nicht. Ganz im Gegenteil.

Aber solange kein Richter – solange kein Kläger

Denn bei genauerem Hinsehen offenbart sich eine gemeinsame Agenda: Zentralisierung von Macht, Kontrolle über Bevölkerungen, Ersetzung demokratischer Strukturen durch technokratische Verwaltungsapparate.

Beginnen wir mit der WHO. Offiziell ist sie eine UN-Behörde zur Förderung der globalen Gesundheit. Doch in Wirklichkeit ist sie längst von privaten Geldgebern abhängig – allen voran der Bill & Melinda Gates Foundation.

Diese zählt inzwischen zu den größten Beitragszahlern der WHO und ist natürlich stets zweckgebunden. Das bedeutet: Wer zahlt, bestimmt die Agenda. Gates investiert über seine Stiftung in Pharmaunternehmen, Impfstoffentwickler, digitale ID-Systeme – und finanziert gleichzeitig die Institutionen, die diese Produkte empfehlen und fördern sollen.

Ein klassischer Interessenkonflikt.

Insbesondere während der Corona-Krise zeigte sich die ganze Macht dieser Konstruktion. Die WHO rief eine „Pandemie" aus – auf Grundlage geänderter Definitionen, was weltweit Notstandsregelungen, Lockdowns und Grundrechtseinschränkungen auslöste.

Die nationalen Parlamente wurden weitgehend entmachtet, zentrale Entscheidungen trafen Expertenstäbe, oft auf Basis fragwürdiger Modelle.

Und wer war überall präsent? Die Gates Foundation, das WEF, Microsoft, BlackRock. Alle profitierten – politisch, wirtschaftlich, ideologisch und ganz sicher persönlich.

Das WEF unter der Leitung von Klaus Schwab trat währenddessen mit seinem „Great Reset"-Narrativ an die Öffentlichkeit: Die Krise sei eine Chance, die Welt grundlegend zu transformieren – in Richtung Nachhaltigkeit, Digitalisierung und Inklusion.

Klingt harmlos. Doch hinter den Schlagworten verbirgt sich eine Agenda der totalen Kontrolle: digitale Zentralbankwährungen, Überwachung, Social Scoring, biometrische IDs, klimaabhängige Emissionsrechte.

Der „Great Reset" ist keine Theorie, sondern ein offizielles Programm. Das WEF gibt Leitlinien vor, veranstaltet jährlich das Davos-Treffen, zu dem Spitzenpolitiker, Konzernchefs, Banker und Technokraten eingeladen werden. Ursula von der Leyen, Emmanuel Macron, Angela Merkel, Olaf Scholz, Mark Zuckerberg u.v.m. – sie alle waren da.

Es ist ein globales Netzwerk von Eliten, das fernab jeder demokratischen Kontrolle Weltpolitik betreibt.

Und stets mit der moralischen Legitimation: Gesundheit, Klima, Sicherheit. Alles natürlich nur zum Wohle der Menschheit.

Auch die EU spielt eine zentrale Rolle. Sie verabschiedet Klima- und Digitalgesetze, deren Auswirkungen tief in das Alltagsleben der Bürger eingreifen.

Der European Green Deal sieht drastische Einschränkungen für Industrie, Landwirtschaft und Energieversorgung vor. Gleichzeitig werden Digitale IDs, CO_2-Budgets und Social Credit-ähnliche Kontrollinstrumente vorbereitet. Die nationale Souveränität wird ausgehöhlt, während Brüssel immer mehr Befugnisse an sich zieht.

Was ist mit den Medien? Sie machen mit. Wer Kritik an dieser Entwicklung äußert, wird als „Verschwörungstheoretiker" diffamiert, von Plattformen gelöscht oder mit Berufsverboten bedroht.

Viele kritische Wissenschaftler wie beispielsweise Sucharit Bhakdi, Wolfgang Wodarg oder John Ioannidis wurden diskreditiert, während industrienahe Experten wie Christian Drosten, Anthony Fauci oder Tedros Adhanom weltweite Machtpositionen einnahmen.

Auch die Klimadebatte folgt zunehmend nur diesem einem dogmatischen Muster. Wer CO2-Kritik äußert, gilt als „Klimaleugner". Dabei geht es nicht mehr um Umweltschutz – sondern um Macht. CO2 wird zum universellen Sündenbock erklärt, der alle Eingriffe in die Menschenrechte rechtfertigt: Fleischverbote, Flugrestriktionen, Energiemarktregulierungen, individuelle Mobilitätseinschränkungen und .

All das wird flankiert durch neue digitale Technologien – Smart Cities, 15-Minuten-Städte und CO2-Kontingente auf Blockchain-Basis.

Ein zentrales Projekt ist die Einführung digitaler Zentralbankwährungen (CBDCs) – flankiert von digitalen Identitäten und Sozialkreditsystemen. Das WEF propagiert diese als „Werkzeuge der Resilienz".

Doch in Wahrheit droht damit ein echter Orwellscher Albtraum: Jeder Einkauf, jede Bewegung, jede Meinung könnte überwacht, kontrolliert, sanktioniert werden. Bargeld? Abgeschafft. Anonymität? Geschichte. China lässt grüßen.

Dass Bill Gates auch in der Klimapolitik mitmischt, überrascht nicht. Über seine Stiftung und seine Unternehmen investiert er in Laborfleisch, Geoengineering,

Saatgutpatente und „klimafreundliche" Technologien – alles zentralisierbare Märkte, die den Menschen abhängig machen.

Der Umweltschutz wird zum Hebel für Technokratie.

Und Ursula von der Leyen? Als EU-Kommissionspräsidentin treibt sie die Digitalagenda voran – mit engen Verbindungen zu McKinsey, Pfizer und der WHO. Ihr Corona-Impfstoffdeal mit Pfizer-Chef Albert Bourla wurde bis heute nicht offengelegt. Auch das ektuelle Gerichtsurteil zur Offenlegung wird da wohl nicht helfen. Transparenz? Fehlanzeige. Der Korruption sind alle Tore weit geöffnet. Wer hier noch glaubt, die oben genannten Personen würden nicht selbst auch monetär persönlich ganz massiv profitieren, glaubt auch noch an den Weihnachtsmann.

Die Wahrheit ist eben unbequem: Gesundheit und Klima werden instrumentalisiert – nicht zum Schutz der Menschen, sondern zur brutalen Machterweiterung. Die neue Weltordnung, wie sie das WEF propagiert, ist keine demokratische Utopie. Sie etabliert sich bereits.

Sie ist ein zentralistischer, technokratischer Kontrollapparat – legitimiert durch Angst, durch Krisen, durch moralischen Druck.

Die Lösung? Kann nur immer wieder Aufklärung und Widerstand sein. Aufbau paralleler Strukturen: dezentrale

Netzwerke, unabhängige Medien, alternative Technologien, ehrliches Geld.

Bitcoin kann dabei eine Schlüsselrolle spielen – als monetäres Gegengewicht zu den digitalen Fesseln, die gerade vorbereitet werden.

Denn wenn wir nicht erkennen, was hier geschieht, wachen wir eines Tages in einer Welt auf, in der wir nichts mehr besitzen – und uns angeblich darüber freuen sollen.

Quellen:

• Ernst Wolff: „Die Finanzelite" (2021)

• Norbert Häring: „Schönes neues Geld" (2018)

• Whitney Webb: „One Nation Under Blackmail" (2022)

• Rubikon, Multipolar, Swiss Policy Research, TKP.at

• WEF.org, WHO.int, EU-Kommission.eu, IMF.org

• www.corodok.de, www.reitschuster.de, www.achgut.com

Kapitel 9

Die EU und die Aushöhlung nationaler Souveränität

**„Europa wird durch Krisen geeint,
und es wird die Summe der Lösungen dieser Krisen
sein."**

Jean Monnet

Es gibt kaum ein politisches Projekt in der Geschichte, das mit so vielen Hoffnungen verknüpft war wie die Europäische Union. Frieden, Wohlstand, Mobilität und Solidarität – das waren die Versprechen.

Und in der Tat: Nach Jahrhunderten der Kriege schien Europa zum ersten Mal auf einem stabilen, gemeinsamen Weg. Doch hinter der glänzenden Fassade der europäischen Einigung vollzieht sich seit Jahrzehnten ein schleichender Prozess: die totale Entmachtung der Nationalstaaten.

Die Europäische Union, ursprünglich als Wirtschaftsgemeinschaft gedacht, hat sich zu einem supranationalen Machtapparat entwickelt, der immer mehr Kompetenzen an sich zieht.

Dabei geht es nicht nur um Handelsverträge oder Umweltstandards. Es geht um zentrale Hoheitsrechte: Geldpolitik, Haushaltsführung, Migrationspolitik, Gesundheitsregime – alles wird zunehmend in Brüssel entschieden.

Die Regierungen der Mitgliedstaaten verlieren nicht nur Einfluss, sondern auch die Möglichkeit, eigene Wege zu gehen.

Der Vertrag von Maastricht (1992) war ein Wendepunkt. Mit der Einführung des Euro als Gemeinschaftswährung wurde die geldpolitische Souveränität der Mitgliedsstaaten endgültig abgeschafft. Fortan bestimmte nicht mehr die nationale Zentralbank über Zinssätze und Geldmengen – sondern die Europäische Zentralbank.

Und diese verfolgt nicht primär das Wohl einzelner Länder, sondern dass der Eurozone als Ganzes – was in der Praxis bedeutet: Machtkonzentration bei den finanzstärksten Akteuren.

Die Eurokrise von 2010 offenbarte die Schwächen dieses Konstrukts. Länder wie Griechenland, Portugal oder

Spanien gerieten in den finanziellen Würgegriff der EU-Institutionen.

Unter dem Vorwand der „Stabilität" wurden ihnen Sparprogramme, Rentenkürzungen, Privatisierungen aufgezwungen – diktiert von der Troika (EZB, IWF, EU-Kommission).

Nationale Parlamente wurden de facto entmachtet, ganze Gesellschaften verarmt. Und wer profitierte? Banken, Investoren, Hedgefonds.

Der Europäische Stabilitätsmechanismus (ESM), geschaffen als dauerhafte Krisenlösung, entwickelte sich zu einer Art Schattenregierung. Mit eigenem Budget, eigenem Personal, eigener Immunität gegenüber nationalen Gerichten.

Der ESM kann Milliarden verteilen – ohne jede parlamentarische Kontrolle. Wer hier von Demokratie spricht, meint etwas anderes.

Auch im Bereich der Gesetzgebung hat sich ein völlig undemokratischer Trend verfestigt. Die EU-Kommission, ein nicht gewähltes Gremium, besitzt das alleinige Initiativrecht für neue Gesetze. Das Europäische Parlament darf zwar zustimmen oder ablehnen, aber keine Gesetze vorschlagen.

Damit ist die demokratische Willensbildung nicht nur stark eingeschränkt, sie ist praktisch ausgesetzt. Hinzu kommt die starke Rolle von Lobbyisten – besonders aus der

Finanz-, Pharma- und Agrarindustrie –, die direkten Zugang zu den Kommissaren haben.

Die Corona-Krise wurde von der EU genutzt, um ihre Macht weiter auszubauen. Der „Wiederaufbaufonds" von 750 Milliarden Euro – größtenteils Schuldenfinanziert – war ein Dammbruch. Zum ersten Mal nahm die EU in großem Stil eigene Schulden auf.

Offiziell zur Pandemiebekämpfung. Tatsächlich aber ein Schritt hin zur Schuldenunion. Kritische Stimmen wurden ignoriert oder diffamiert. Nationale Debatten fanden kaum statt.

Ähnliches gilt für die Klima- und Digitalpolitik. Der „European Green Deal" und die „Digitale Agenda" greifen tief in nationale Strukturen ein. Landwirtschaft, Industrie, Energieversorgung – alles wird auf Brüsseler Vorgaben ausgerichtet. Nationale Besonderheiten, kulturelle Unterschiede, wirtschaftliche Realitäten? Zweitrangig.

Ein besonderes Instrument zur Aushöhlung der Souveränität ist das sogenannte „EU-Recht hat Vorrang vor nationalem Recht".

Was auf den ersten Blick nach juristischer Klarheit klingt, bedeutet in der Praxis: Nationale Verfassungen verlieren an Bedeutung. Selbst höchstrichterliche Entscheidungen – wie etwa in Polen oder Ungarn – werden von Brüssel ignoriert oder sanktioniert.

Der Europäische Gerichtshof (EuGH) wird zur letzten Instanz – und urteilt oft politisch.

Hinzu kommt die zunehmende Abhängigkeit der Mitgliedsstaaten von EU-Finanzflüssen. Ob Agrarsubventionen, Strukturhilfen oder Projektmittel – wer zu sehr widerspricht, riskiert finanzielle Sanktionen.

So wird politische Gefolgschaft erzwungen, natürlich mit dem abgepressten Geld der Steuerzahler.

Die Vision eines Europas der Vaterländer, wie sie Charles de Gaulle einst vorschwebte, wurde inzwischen ersetzt durch ein Europa der Technokraten. Demokratische Entscheidungen werden durch Expertengremien, Kommissionspapiere und Verwaltungsrichtlinien ersetzt.

Und die Bürger merken davon oft wenig, solange bis es sie konkret trifft: durch massiv steigende Preise, wachsende Bürokratie oder den Verlust politischer Mitbestimmung.

Dabei gäbe es Alternativen: Ein Europa souveräner Nationalstaaten, die kooperieren, aber ihre Eigenständigkeit wahren.

Ein Europa der Regionen, das Vielfalt respektiert, statt Einheitsnormen zu verordnen. Und ein Europa, das seine Bürger ernst nimmt, statt sie zu regulierten Konsumenten in einem zentralistisch gesteuerten Markt zu degradieren.

Doch solange diese Fiat-Geldsystem besteht, wird die Zentralisierung weitergehen. Denn dieses System belohnt eben einfach Größe, Macht und Schuldenaufnahme und nicht Eigenverantwortung, Sparsamkeit oder Subsidiarität.

Die EU ist nicht das Resultat eines historischen Zufalls. Sie ist das perfekte politische Pendant zum Fiat-Geldsystem: eine Konstruktion ohne echtes Fundament, finanziert durch Verschuldung, gesteuert von Eliten.

Es wird Zeit, darüber zu sprechen. Und es wird Zeit, Alternativen zu denken – jenseits von Brüsseler Bürokratien, jenseits von globaler Gleichmacherei.

Die Zukunft Europas hängt davon ab, ob wir den Mut finden, wieder für Souveränität, Freiheit und Eigenverantwortung einzustehen.

Quellen:

• Hans-Hermann Hoppe: „Der Wettbewerb der Gauner" (2013)

• Norbert Häring: „Endspiel des Kapitalismus" (2021)

• Ernst Wolff: „Weltmacht IWF" (2014)

• Rubikon, Multipolar, NachDenkSeiten, Swiss Policy Research

• www.europa.eu, www.achgut.com, www.tichyseinblick.de

Kapitel 10

Digitale Zentralbankwährungen: Der endgültige Kontrollstaat

„Es wird eine Zeit kommen, in der alles, was du tust, überwacht wird
unter dem Vorwand der Sicherheit."

Unbekannt

Bargeld ist Freiheit. Es ist anonym, dezentral und unabhängig. Niemand fragt, was du damit kaufst, wo du es aufbewahrst, wem du es gibst. Es ist ein Ausdruck von Privatheit, von Autonomie und von Bürgerrechten.

Und genau deshalb ist es vor allem all denen ein Dorn im Auge, die Kontrolle lieben, sie behalten und ausbauen wollen.

In der Diskussion um digitale Zentralbankwährungen (Central Bank Digital Currencies – CBDCs) geht es vordergründig um Modernisierung, Effizienz, Innovation. Doch hinter diesen wohlklingenden Begriffen verbirgt sich eine technokratische Vision: die vollständige Erfassung und Steuerung aller finanziellen Transaktionen in Echtzeit – durch staatliche oder supranationale Zentralbanken.

Was genau sind CBDCs? Es handelt sich um digitales Zentralbankgeld – also Geld, das direkt von der Zentralbank ausgegeben wird, nicht von Geschäftsbanken.

Im Unterschied zu Bitcoin oder anderen dezentralen Kryptowährungen basiert es auf einer zentralisierten, staatlich kontrollierten Infrastruktur.

Jeder Bürger könnte künftig ein Konto direkt bei der Zentralbank führen – ein Konto, das jederzeit einsehbar, steuerbar und manipulierbar ist.

Die Europäische Zentralbank plant die Einführung des digitalen Euro bis spätestens Ende der 2020er Jahre. Auch die US-Notenbank Fed, die Bank of England, die schwedische Riksbank, die chinesische Zentralbank und die Bank of Canada arbeiten an eigenen Modellen.

In China ist der digitale Yuan bereits in Testphasen weit verbreitet. Er erlaubt es der Regierung, Zahlungen in Echtzeit zu überwachen – und im Zweifel zu blockieren.

Die offiziell genannten Vorteile von CBDCs sind zahlreich: geringere Transaktionskosten, finanzielle Inklusion, effizientere Geldpolitik, Schutz vor Bank Runs. Doch all das sind vorgeschobene Argumente. Der aber wahre Kern liegt in der Kontrolle. CBDCs ermöglichen:

– vollständige Überwachung aller Zahlungsströme

– gezielte Sanktionierung unerwünschten Verhaltens – Durchsetzung von Negativzinsen bis auf individueller Ebene

– Ablaufdaten für Geld („use it or lose it")

– geografische oder sektorale Einschränkungen bei Ausgaben

– Verknüpfung mit digitalen IDs, Impfpässen, CO_2-Budgets

Das bedeutet: Wer sich nicht „systemkonform" verhält, könnte in einem CBDC-System wirtschaftlich isoliert werden. Kein Zugang zu Lebensmitteln, keine Mobilität, kein Wohnraum – alles digital entzogen, mit einem Mausklick.

Was heute in China Realität ist – etwa im Rahmen des Sozialkreditsystems –, wird in westlichen Demokratien bereits ganz offen als „Zukunftsoption" präsentiert.

Die Kombination aus CBDC, digitaler ID und Künstlicher Intelligenz bildet den Kern eines digitalen Totalitarismus.

Und dieser wird nicht mit Gewalt errichtet, sondern mit Convenience verkauft. Man verspricht uns: schnellere

Zahlungen, einfacheres Banking, Belohnungssysteme. Doch in Wahrheit wird eine Infrastruktur errichtet, die unsere Freiheit grundlegend infrage stellt.

Auch wirtschaftlich sind CBDCs problematisch. Sie könnten das Bankensystem destabilisieren. Wenn Bürger lieber ihr Geld direkt bei der Zentralbank parken, verlieren Geschäftsbanken ihre Einlagenbasis – mit massiven Folgen für Kreditvergabe, Investitionen, Finanzstabilität.

Die Notenbanken müssten selbst zu „Allfinanzkonzernen" werden – ein Alptraum aus Effizienz- und Risikoperspektive.

Ein weiteres Problem: Datenschutz. Dieser Begriff ist zur Farce geworden. Faktisch gibt es kaum noch Datenschutz. Während Bargeld keinerlei Daten erzeugt, liefern CBDCs umfassende Informationen über Zahlungszeitpunkt, Betrag, Standort und Kaufgegenstand.

Diese Daten können mit anderen Datenbanken verknüpft werden – von Steuerämtern, Sozialbehörden, Geheimdiensten und Konzernen. Die totale Transparenz des Individuums wird damit zur Norm.

Die Akzeptanz der CBDCs soll durch gezielte Krisen gefördert werden. In Fachkreisen wird offen darüber gesprochen, dass eine Finanzkrise, eine Cyberattacke oder eine Währungsabwertung den „digitalen Euro" oder den „FedCoin" schlagartig populär machen könnten.

So wird der Notfall zur Einführungsstrategie. Und wer sich weigert, wird einfach ausgegrenzt – ökonomisch, sozial und politisch.

Auch Klaus Schwab und das Weltwirtschaftsforum spielen eine zentrale Rolle in dieser Agenda. In Publikationen wie „Shaping the Future of Financial and Monetary Systems" wird die Einführung global interoperabler CBDCs als alternativlos beschrieben.

Das Ziel: ein weltweit standardisiertes Geldsystem – vollständig digital, zentral kontrolliert, kompatibel mit digitalen IDs und ESG-Richtlinien.

Die EU-Kommission arbeitet parallel an der Einführung einer „European Digital Identity" – verpflichtend für Online-Dienste, Bankgeschäfte, Reisen. Diese ID soll mit dem digitalen Euro verknüpft werden.

Das bedeutet: Nur wer identifiziert ist, darf am Wirtschaftsleben teilnehmen, darf reisen, darf diese oder jenes – oder eben dann nicht.

Anonyme Transaktionen? Ab sofort verboten.

Auch hier zeigt sich: Die technologische Entwicklung ist natürlich nicht neutral. Sie folgt einer ganz bestimmten Agenda.

Und diese Agenda lautet: Kontrolle. Die jetzt schon massiven Einschränkungen und dann baldige komplette Abschaffung des Bargelds ist nur der erste Schritt.

Die Einführung von CBDCs der zweite. Der dritte? Ein vollständig überwachter Bürger, dessen finanzielle Existenz jederzeit regulierbar ist.

Doch es gibt Alternativen. Dezentralisierte Kryptowährungen wie Bitcoin setzen auf Transparenz ohne zentrale Kontrolle.

Sie ermöglichen globale Zahlungen ohne Mittelsmänner, ohne politische Einflussnahme, ohne Zugriff von oben. Bitcoin ist nicht nur eine Technologie – er ist ein Konzept der Freiheit.

Die Frage ist: In welcher Welt wollen wir leben? In einer Welt digitaler Ketten – oder in einer, in der Freiheit nicht verhandelbar ist? CBDCs sind kein Fortschritt. Sie sind ein Rückfall in feudale Strukturen – nur digitalisiert.

Die Entscheidung liegt bei uns.

Quellen:

• Norbert Häring: „Schönes neues Geld" (2018)

• Ernst Wolff: „Finanz-Tsunami" (2022)

• WEF-Publikationen zu digitalen Währungen (www.weforum.org)

• EZB-Dokumente zum digitalen Euro (www.ecb.europa.eu)

• Rubikon, Multipolar, NachDenkSeiten, Swiss Policy Research

• www.bis.org, www.imf.org, www.mises.org

Kapitel 11

Sozialkreditsysteme und digitale IDs: Die Blaupause aus China

„Die gefährlichste Form der Kontrolle ist jene, die als Fortschritt verkauft wird."

Unbekannt

Die Entwicklungen der letzten Jahre, der so genannte Great Reset (Klaus Schwab, WEF), ist der Versuch der Hochfinanz, das bevorstehende Ende des Geldsystems in die für sie gewünschten Bahnen zu lenken.

Die meisten Menschen werden dabei alles verlieren, wenn sie nicht jetzt rechtzeitig die richtigen Entscheidungen treffen.

Was bedeutet es, ein „guter Bürger" zu sein? In einer freien Gesellschaft würde man sagen: jemand, der friedlich lebt, andere respektiert, seine Rechte und Pflichten kennt. Doch in der digitalen Dystopie des 21. Jahrhunderts bekommt diese Frage eine neue Bedeutung.

In China hat man sie bereits beantwortet – mit einem Sozialkreditsystem, das alle Aspekte des Lebens erfasst, bewertet und sanktioniert.

Und was dort als Experiment begann, gilt mittlerweile als Blaupause für andere Länder – auch in Europa.

Das chinesische Sozialkreditsystem ist kein Science-Fiction. Es existiert. Seit über einem Jahrzehnt wird es schrittweise eingeführt. Staatliche Datenbanken werden mit Kameras, Gesichtserkennung, Bewegungsprofilen und Finanzinformationen verknüpft.

Das Ziel: ein lückenloses, digitales Abbild jedes Bürgers zu erstellen – seine Zahlungsverhalten, sein Verhalten im öffentlichen Raum, seine sozialen Kontakte, seine Online-Kommentare. Alles wird erfasst, alles bewertet.

Wer sich „vorbildlich" verhält – also Steuern pünktlich zahlt, positive Beiträge im Netz schreibt, sich regimetreu zeigt –, erhält Punkte. Diese Punkte ermöglichen Reisevergünstigungen, bevorzugte Schulplätze, schnellere Visa.

Wer dagegen gegen Regeln verstößt – etwa durch Systemkritik, abweichende Meinungen oder „asoziales Verhalten" –, verliert Punkte. Die Strafen reichen von Flug- und Zugverboten über Kündigungen bis hin zum Ausschluss aus sozialen Netzwerken und Banken.

Was das mit Europa zu tun hat? Sehr viel. Denn ähnliche Systeme werden auch hier vorbereitet – wenn auch subtiler.

Die Einführung digitaler Identitäten, die mit Gesundheitsdaten, Finanzinformationen und Mobilitätsprofilen verknüpft sind, ist der erste Schritt. Projekte wie ID2020 (unterstützt von Microsoft und der Gates Foundation), der EU-ID-Rahmen der Europäischen Kommission oder das geplante WHO-Pandemieabkommen schaffen die technische und juristische Grundlage für eine allumfassende Datenerfassung.

Hinzu kommt der „Green Pass", ursprünglich eingeführt zur Corona-Kontrolle, mittlerweile erweitert auf CO_2-Verbrauch, Mobilitätsverhalten und Zugang zu öffentlichen Diensten.

Auch Kreditkartenunternehmen wie Mastercard experimentieren mit CO_2-basierten Ausgabenlimits. Wer sein „Klimabudget" überschreitet, wird automatisch blockiert – als Testlauf für ein System individueller „Nachhaltigkeitsbewertung".

Was hier entsteht, ist ein Sozialkreditsystem in westlichem Gewand – versteckt unter Begriffen wie Nachhaltigkeit, Gesundheit, Inklusion.

Die Bewertung des Bürgers erfolgt nicht mehr über Gerichte oder demokratische Verfahren, sondern über Algorithmen. Wer dem System dient, wird belohnt.

Wer es hinterfragt, wird sanktioniert. Ohne Verfahren, ohne Widerspruch und ohne Öffentlichkeit. Diese Entwicklungen werden von privaten Unternehmen massiv vorangetrieben. Konzerne wie Palantir, Oracle, Amazon Web Services, Google oder Alibaba liefern die Software und Infrastruktur.

Die Politik übernimmt die Regulierung – nach Beratung durch Think Tanks, NGOs und supranationale Organisationen. Es entsteht eine Public-Private-Partnership der Überwachung.

Auch Klaus Schwab und das Weltwirtschaftsforum propagieren diese Vision. In Dokumenten wie „The Great Reset" oder „The Future of the Social Contract" wird offen über ein „neues Verhältnis zwischen Individuum und Staat" gesprochen – mit digitaler Identität als zentralem Steuerungselement.

Das erklärte Ziel: jeder Mensch soll eine eindeutige digitale Identität besitzen, verknüpft mit biometrischen Daten, Finanztransaktionen, Bildungswegen und Gesundheitsakten.

Die Kombination aus digitaler ID, CBDC, CO_2-Zertifikaten und Social Scoring ergibt ein System totaler Verhaltenssteuerung. Und dieses System wird nicht als Diktatur eingeführt – sondern als Fortschritt, als Schutz, als Notwendigkeit. „Wer nichts zu verbergen hat, hat nichts zu befürchten" – so lautet die Propaganda.

Doch die Geschichte lehrt uns: Jede Macht, die geschaffen wird, wird früher oder später missbraucht. Systeme, die zu Beginn freiwillig erscheinen, werden schnell verpflichtend.

So wie der „Grüne Pass" während Corona zunächst als optional galt – und später zur Eintrittskarte in das öffentliche Leben wurde.

Schon heute gibt es in einigen EU-Ländern Testprojekte für Sozialbonussysteme. In Italien wird über ein Punktesystem für umweltfreundliches Verhalten diskutiert. In Frankreich denkt man über einen CO_2-Pass für Haushalte nach.

In Deutschland wurden im Zuge der Pandemie Quarantänebrecher per Handyortung aufgespürt. Die Werkzeuge sind da – es fehlt nur noch der endgültige politische Wille, sie zu verknüpfen.

Ein weiteres Beispiel ist die Entwicklung sogenannter „Smart Cities". Städte wie Barcelona, Amsterdam, Wien oder Helsinki werben mit digitaler Infrastruktur, Nachhaltigkeitszielen und Bürgerpartizipation.

Doch hinter den Schlagworten verbergen sich auch Überwachungskameras, Bewegungsanalysen, Gesichtserkennung und Big-Data-Systeme.

Wer Zugang zu dieser Infrastruktur hat – also etwa der Staat oder große Konzerne –, kann komplette Bewegungsprofile erstellen.

Diese Systeme werden zunehmend auf Künstlicher Intelligenz basieren. Algorithmen entscheiden, wer kreditwürdig ist, wer reisen darf, wer Zugang zu Bildung oder Gesundheitsdiensten erhält.

Diese KI-Entscheidungen sind oft nicht nachvollziehbar, nicht anfechtbar – und reproduzieren bestehende Ungleichheiten.

Die große Gefahr liegt in der Akzeptanz durch die Bevölkerung. Denn solche Systeme werden mit vermeintlichen Annehmlichkeiten verknüpft werden. Etwa mit vergünstigten Fahrkarten, mit Belohnungen für „gutes Verhalten", mit Zugang zu exklusiven Dienstleistungen u.v.m.. Und schon sinkt die kritische Reflexion. Menschen werden ganz einfach konditioniert – Schritt für Schritt. Der freie Bürger wird zum berechneten Datensatz.

Was tun? Permanente Aufklärung ist der erste Schritt. Die Menschen müssen erkennen, dass das chinesische Modell kein fernes Szenario ist, nicht irgendwo weit weg von uns. Nein ist bereits hier und es ist ein ganz realer Plan.

Es braucht auch juristischen Widerstand, zivilgesellschaftliches Engagement, technologische Alternativen. Vor allem braucht es eines: mutige Menschen, die bereit sind, die digitale Bequemlichkeit gegen die analoge Freiheit einzutauschen. Weil es ihr freies Leben retten kann. Und es gibt eine Lösung.

Bitcoin kann in diesem Kontext mehr sein als nur ein Zahlungsmittel. Es ist ein Symbol: für Dezentralität, für Selbstbestimmung, für die Möglichkeit, sich aus dem digitalen Kontrollkäfig zu befreien.

Es gibt bereits Projekte, die auf Blockchain-Basis dezentrale Identitäten entwickeln – ohne zentrale Datenbank, ohne staatliche Kontrolle. Diese Technologien verdienen Förderung, Aufmerksamkeit, Unterstützung.

Denn die Frage ist nicht mehr, ob ein Sozialkreditsystem kommt. Die Frage ist wann und ob wir es zulassen.

Quellen:

• Naomi Wolf: „The End of America" (2007)

• Norbert Häring: „Schönes neues Geld" (2018)

• Ernst Wolff: „Digitale Diktatur" (2021)

• Whitney Webb: „One Nation Under Blackmail" (2022)

• Rubikon, Multipolar, Swiss Policy Research, TKP, Uncut News

• WEF-Dokumente zu Digital ID und Social Scoring (www.weforum.org)

• EU-Kommission: European Digital Identity Framework (2022) • www.mises.org, www.id2020.org, www.cato.org

Kapitel 12

Warum das Fiat-System mathematisch scheitern muss

„Papiergeld kehrt früher oder später zu seinem inneren Wert zurück – null.“

Voltaire

Das moderne Geldsystem wirkt auf den ersten Blick wie ein Wunderwerk: Es ermöglicht gigantische Investitionen, globale Handelsströme, staatliche Programme, Sozialleistungen, Infrastrukturprojekte. Regierungen können sich scheinbar unbegrenzt verschulden, Notenbanken Billionen aus dem Nichts schaffen.

Und doch scheint alles weiterzulaufen. Wachstum, Wohlstand, Aktienmärkte – alles floriert. Doch dieses System ist ein Kartenhaus. Und es steht auf einem Fundament, das mathematisch unhaltbar ist.

Fiat-Geld – also Geld, das keinen inneren Wert hat und nur auf staatlichem Dekret („fiat") basiert – funktioniert nur, solange das Vertrauen besteht. Doch Vertrauen ist keine ökonomische Konstante, sondern eine psychologische Größe.

Sobald Menschen begreifen, dass ihr Geld an nichts Reales mehr gekoppelt ist, beginnt der Vertrauensverfall – mit wirklich sehr weitreichenden Folgen.

Die zentrale Schwachstelle des Fiat-Systems ist seine Schuldenabhängigkeit. Geld entsteht heute nicht mehr durch Produktion, durch Arbeit oder durch Tausch – sondern durch Kreditvergabe.

Jedes Mal, wenn eine Bank einen Kredit vergibt, entsteht neues Geld. Doch dieser Kredit muss mit Zinsen zurückgezahlt werden – also mit mehr Geld, als ursprünglich geschaffen wurde. Das bedeutet: Es muss immer mehr neues Geld entstehen, um die alten Schulden samt Zinsen zu tilgen.

Das nennt man exponentielles Wachstum. Und das ist in endlichen Systemen – also auf einem Planeten mit begrenzten Ressourcen – nicht dauerhaft möglich.

Irgendwann ist der Punkt erreicht, an dem die Schulden nicht mehr tragbar sind, das System überfordert ist, die Zinsen steigen oder das Vertrauen kollabiert. Genau dann beginnt der Abstieg.

Die Geschichte liefert viele Beispiele: Die Hyperinflation der Weimarer Republik, die lateinamerikanischen Schuldenkrisen der 1980er Jahre, die Asienkrise 1997, der US-Subprime-Crash 2008.

In allen Fällen war ein schuldenbasiertes Fiat-System die Ursache und eine plötzliche Vertrauenskrise der Auslöser.

Heute sind wir in einer globalisierten Version dieses Problems. Die Staatsverschuldung weltweit beträgt mehr als 300 % des globalen Bruttoinlandsprodukts. Die Zentralbanken haben ihre Bilanzen auf historische Rekordhöhen künstlich aufgebläht.

Die USA sind mit über 34 Billionen US-Dollar verschuldet, die EU mit mehreren Billionen Euro. Und dennoch wird weitergedruckt, weitergeliehen, weitergewuchert.

Hinzu kommt ein weiteres mathematisches Problem: Die sogenannte Zinseszinsfalle. Wenn Schulden nicht getilgt, sondern refinanziert werden – wie es heute gang und gäbe ist –, dann wächst die Gesamtverschuldung exponentiell.

Selbst bei niedrigen Zinsen entsteht durch die lange Laufzeit eine Lawine, die irgendwann unaufhaltsam wird.

Ein Beispiel: Wer 1 Billion Euro mit 2 % Zins aufnimmt und diese nicht tilgt, sondern die Zinsen aufnimmt, verdoppelt seine Schulden in ca. 35 Jahren. Bei 4 % Zins geschieht das in knapp 18 Jahren.

Das bedeutet: Auch niedrige Zinsen können in einem langen Zeitraum zu einer katastrophalen Verschuldung führen.

Die Zentralbanken versuchen, dieses Dilemma zu lösen, indem sie die Zinsen künstlich niedrig halten. Doch damit zerstören sie das klassische Geschäftsmodell der Banken, ruinieren die Altersvorsorge, blasen Immobilien- und Aktienblasen auf und entwerten das Ersparte.

Der Schaden ist langfristig größer als der kurzfristige Nutzen.

Auch die sogenannte „Modern Monetary Theory" (MMT) – die Idee, dass Staaten unbegrenzt Geld drucken können, solange es keine Inflation gibt – ist ein gefährlicher Irrweg. Sie ignoriert psychologische, soziale und geopolitische Faktoren.

Sie geht davon aus, dass das Vertrauen in eine ungedeckte Währung ewig währt. Doch das ist Wunschdenken.

Denn was passiert, wenn das Vertrauen bricht? Wenn Menschen ihr Geld in Sachwerte, Kryptowährungen oder Auslandswährungen flüchten?

Dann beginnt die Flucht aus dem Geld – begleitet von Inflation, Kapitalverkehrskontrollen, Enteignungen. Ein historisches Muster, das sich wiederholt.

Die Lösung wäre eine Rückkehr zu einem gedeckten Geldsystem – etwa durch einen Goldstandard oder ein digitales, knappes Geld wie Bitcoin. Denn nur Geld, das nicht beliebig vermehrbar ist, kann langfristig Vertrauen schaffen. Knappheit diszipliniert – sowohl Individuen als auch Staaten.

Das Fiat-System dagegen belohnt Verschwendung, Schulden, Spekulation. Es erzeugt ein ständiges „Weiter so", weil der Zusammenbruch politisch nicht akzeptabel ist. Doch er ist mathematisch unvermeidlich.

Die Frage ist nicht, ob das System kollabiert – sondern wann und wie.

Wirtschaftsnobelpreisträger wie Friedrich August von Hayek, Milton Friedman oder Ludwig von Mises haben das bereits vor Jahrzehnten erkannt. S

ie alle warnten vor der Inflationierung des Geldes, vor der Macht der Zentralbanken, vor der Entkopplung von Geld und Realwirtschaft.

Heute stehen wir am Ende eines monetären Zyklus. Die Indikatoren sind eindeutig: Asset-Blasen, Negativzinsen, sinkende Produktivität, wachsendes Misstrauen gegenüber Institutionen, politische Instabilität.

All das sind Symptome eines Systems, das am Limit operiert. Der Weg aus diesem Dilemma ist schmerzhaft – aber einfach notwendig. Es braucht eine monetäre Katharsis. Ein Zurück zur Verantwortung, zur Knappheit, zur Dezentralität.

Bitcoin bietet hier eine reale Chance. Es ist nicht perfekt, aber es ist transparent, begrenzt, nicht manipulierbar. Und es basiert auf Mathematik – nicht auf politischer Willkür.

Das Fiat-System muss scheitern, weil es sich selbst auffrisst. Es ist ein System, das nur durch ständige Expansion überlebt – und genau das macht es untragbar.

Wer heute noch an seine Nachhaltigkeit glaubt, gleicht einem Passagier auf der Titanic, der das Orchester bewundert, während das Wasser bereits in die Kabine dringt.

Quellen:

• Ludwig von Mises: „Human Action" (1949)

• Friedrich August von Hayek: „Denationalisation of Money" (1976)

• Murray Rothbard: „The Case Against the Fed" (1994)

• Saifedean Ammous: „The Fiat Standard" (2021)

• Ron Paul: „End the Fed" (2009)

• Rubikon, Multipolar, Swiss Policy Research, Uncut-News
• www.mises.org, www.goldseiten.de, www.bitcoinmagazine.com

Kapitel 13

Crash 2.0: Das Ende des Schuldgeldsystems hat begonnen

„Wir stehen kurz vor einem radikalen Umbruch. Alles, was wir bisher kannten, wird verschwinden."

Klaus Schwab (WEF)

Die Geschichte der Finanzmärkte ist eine Abfolge von Boom- und Bust-Zyklen, von Gier und Panik, von Expansion und Zusammenbruch. Doch was sich heute abzeichnet, ist mehr als ein weiterer Einbruch, viel mehr als ein weiterer Crash.

Es ist das Ende eines ganzen Zeitalters – das Ende des globalen Schuldgeldsystems. Und dieser Zusammenbruch hat längst begonnen.

Der Crash 2008 war ein Warnschuss. Das Finanzsystem stand am Abgrund, als die Hypothekenblase in den USA platzte, systemrelevante Banken ins Straucheln gerieten und Regierungen zu Rettungspaketen in Billionenhöhe griffen. Die Notenbanken senkten die Zinsen auf null, starteten gigantische Anleihekaufprogramme („Quantitative Easing") und fluteten die Märkte mit Liquidität.

Die Krise wurde nur aufgeschoben – nicht gelöst.

Die Folge war ein Jahrzehnt des künstlichen Aufschwungs: Aktienmärkte auf Rekordniveau, Immobilienpreise explodierten, Tech-Konzerne wurden zu Monopolen.

Doch die zugrunde liegenden Probleme blieben bestehen – oder verschärften sich sogar. Die Schulden stiegen weiter, die Produktivität stagnierte, die Ungleichheit nahm zu.

Die Finanzwelt wurde zur reinen Spekulationsmaschinerie, entkoppelt von der realen Wirtschaft.

Dann kam 2020. Die Corona-Krise wurde zum perfekten Vorwand für den nächsten massiven Eingriff. Binnen weniger Monate beschlossen Staaten weltweit gigantische Hilfspakete – finanziert durch neue Schulden.

Zentralbanken traten erneut als Retter auf, senkten die Zinsen weiter, kauften Staatsanleihen, Unternehmensanleihen, sogar ETFs. Die EZB, die Fed, die BoJ – alle agierten synchron und die Geldmenge explodierte.

Doch diesmal ließ sich die Inflation nicht mehr unter Kontrolle halten. In den Jahren 2021 bis 2024 stiegen die Preise weltweit – offiziell moderat, real aber drastisch. Lebensmittel, Energie, Mieten – alles wurde brutal teurer.

Und mit der Inflation kam die Zinswende. Die Zentralbanken erhöhten die Leitzinsen – doch zu spät und zu zögerlich. Die Märkte reagierten panisch.

Zuerst fielen die riskanten Tech-Aktien. Dann kam die Bankenkrise: Silicon Valley Bank, Credit Suisse, First Republic – Namen, die plötzlich in den Schlagzeilen auftauchten.

Es folgten Immobilienfonds, Pensionskassen, Staatsanleihenmärkte. Die Liquidität trocknete aus, Kredite wurden teurer, Unternehmen gerieten unter Druck. Ein Dominoeffekt begann.

Crash 2.0 war da – und er war anders. Tiefer, globaler und systemischer. Denn diesmal betraf er nicht nur einzelne Sektoren, sondern die Grundstruktur des gesamten Finanzsystems.

Das Vertrauen in die Währungen begann zu erodieren. Menschen flüchteten in Sachwerte, in Edelmetalle, in Kryptowährungen. Kapitalverkehrskontrollen wurden diskutiert, Banken setzten Limits bei Abhebungen.

Parallel dazu nahmen die geopolitischen Spannungen zu. Der Ukraine-Krieg, die Eskalation um Taiwan, die zunehmende Entdollarisierung – all das schwächte die internationale Zusammenarbeit. Länder wie China, Russland, Iran, Brasilien begannen, sich vom Dollar abzuwenden, eigene Zahlungssysteme zu etablieren.

Das globale Vertrauen in die Leitwährungen – insbesondere in den US-Dollar – wankte.

In der EU zeigte sich die Fragilität besonders drastisch. Länder wie Italien, Spanien oder Frankreich konnten sich steigende Zinsen nicht mehr leisten. Die EZB stand vor einem Dilemma: Zinserhöhung zur Inflationsbekämpfung – oder Zinssenkung zur Staatsfinanzierung?

Beides zugleich war nicht möglich. Die Glaubwürdigkeit der Institutionen schwand.

Währenddessen kündigten sich in den USA Rezession, Massenentlassungen und ein drastischer Rückgang im Konsumverhalten an. Auch dort: ein Schuldenberg, der nicht mehr tragbar war.

Die Schuldengrenze musste erneut angehoben werden – ein politischer Affront gegenüber dem gesunden Menschenverstand.

Der entscheidende Punkt: Es handelt sich nicht um eine temporäre Krise. Es ist ein strukturelles Ende. Das Schuldgeldsystem hat sein Limit erreicht. Die Schulden sind zu hoch, das Vertrauen zu gering, die Zentralbanken zu machtlos.

Das System kann sich nicht mehr selbst retten – es implodiert langsam, aber unaufhaltsam.

Und genau in dieser Lage präsentieren sich die Akteure des „Great Reset" mit ihrer Lösung: ein neues Geldsystem, digital, zentralisiert, kontrolliert. Der digitale Euro, der FedCoin, die digitale ID – alles bereits vorbereitet. Die Krise wird instrumentalisiert, um die Kontrolle zu übernehmen. Doch was wie eine Rettung aussieht, ist in Wahrheit der Aufbau eines Kontrollsystems.

Crash 2.0 ist nicht das Ende der Welt. Aber es ist das Ende der Welt, wie wir sie kannten. Es ist die Zäsur, die jetzt dringend notwendig ist, um neu zu denken. Über Geld, über Macht und vor allem über Freiheit.

Die kommenden Jahre werden unruhig, chaotisch und transformativ. Viele Menschen werden ihre Ersparnisse verlieren, ihre Sicherheiten und ihre Illusionen.

Aber in dieser Krise liegt auch eine große Chance:

Die Chance, aus einem gescheiterten System auszusteigen und etwas Neues aufzubauen – dezentral, fair, transparent.

Bitcoin ist dabei mehr als nur ein Asset. Es ist ein echtes Rettungsboot. Eine wunderbare Exit-Strategie. Ein monetärer Neuanfang.

Doch nur, wenn wir ihn verstehen – und nutzen.

Quellen:

• Nouriel Roubini: „Megathreats" (2022)

• Ernst Wolff: „Finanz-Tsunami" (2022)

• Ron Paul: „End the Fed" (2009)

• Saifedean Ammous: „The Fiat Standard" (2021)

• Rubikon, Multipolar, Uncut-News, Swiss Policy Research

• www.zerohedge.com, www.mises.org, www.bitcoinmagazine.com

Kapitel 14

Die psychologische Matrix: Warum Menschen ihr eigenes Gefängnis verteidigen

„Es ist einfacher, Menschen zu täuschen, als sie davon zu überzeugen, dass sie getäuscht worden sind.“

Mark Twain

Wir leben in einer Welt, die auf Lügen gebaut ist. Doch das Erstaunliche ist nicht, dass diese Lügen existieren – sondern dass so viele Menschen sie verteidigen. Die psychologische Matrix, in der wir uns bewegen, ist ein System kollektiver kognitiver Gefangenschaft.

Ein System, das durch Konditionierung, Gruppendruck, Angst und Belohnung funktioniert. Und das seine größte

Stärke daraus zieht, dass seine Opfer es für die Realität halten.

Warum verteidigen Menschen ein Finanzsystem, das sie enteignet? Warum klammern sie sich an Parteien, die sie verraten? Warum tragen sie mit Überzeugung die Fahnen von Institutionen, die ihre Freiheit untergraben?

Die Antwort liegt nicht im Intellekt – sie liegt in der Psyche.

Menschen sind nun mal keine rationalen Wesen, sie sind emotionale Wesen mit rationalisierenden Gedanken. Sie suchen Sicherheit, Zugehörigkeit und Anerkennung. Und sie fürchten Ablehnung, Ausgrenzung und Chaos mehr als die Wahrheit.

Diese fundamentale menschliche Struktur ist das Einfallstor für die Macht der Eliten. Sie kontrollieren nicht nur Geld, Medien und Politik – sie kontrollieren Narrative. Und Narrative sind die Software des kollektiven Bewusstseins.

Ein Paradebeispiel ist das Phänomen der „kognitiven Dissonanz". Wenn ein Mensch mit einer Information konfrontiert wird, die seinem bisherigen Weltbild widerspricht, reagiert er nicht mit Neugier – sondern mit Abwehr.

Denn die Anerkennung der neuen Wahrheit würde bedeuten, dass er bisher falsch lag. Und das kratzt am

Selbstwertgefühl. Deshalb wird die Information verdrängt, verleugnet, ins Lächerliche gezogen.

Ein anderes psychologisches Werkzeug ist die „Gruppenkonformität". Menschen neigen dazu, sich der Mehrheit anzupassen, selbst wenn diese objektiv falsch liegt.

Der berühmte Asch-Konformitätstest zeigte eindrucksvoll, dass über 70 % der Versuchspersonen eine offensichtlich falsche Antwort gaben, nur weil alle anderen sie zuvor gegeben hatten.

Diese Mechanik wird heute in Medien und sozialen Netzwerken massiv und leider erfolgreich genutzt.

Die Corona-Zeit war ein Lehrstück dieser Mechanismen. Menschen verteidigten Maßnahmen, die ihre Grundrechte einschränkten. Sie rechtfertigten Lockdowns, obwohl die Schäden evident waren.

Sie griffen Andersdenkende an, nicht etwa weil sie selbst überzeugt waren, sondern weil sie dazugehören wollten. Die Maske wurde zum Symbol der Unterwerfung und der sozialen Zugehörigkeit.

Ein weiterer Mechanismus ist das Stockholm-Syndrom: Opfer identifizieren sich mit ihren Tätern, weil sie glauben, so Kontrolle über die Situation zu gewinnen.

Dieses Prinzip lässt sich auf den Umgang vieler Bürger mit ihren Regierungen anwenden. Statt das System infrage zu stellen, suchen sie die Schuld bei sich selbst – und verteidigen es mit umso größerer Inbrunst.

Besonders perfide ist die Rolle der Bildung. Schon im Schulsystem werden Gehorsam, Autoritätsgläubigkeit und Konkurrenzverhalten eingeübt. Kreatives Denken, kritisches Hinterfragen und Autonomie werden systematisch unterdrückt.

Wer Fragen stellt, wird sofort sanktioniert. Wer aber normgerecht wiederholt, wird belohnt.

Die Universitäten setzen dieses Muster fort – mit Expertengläubigkeit, Peer-Pressure und ideologischer Konformität. Ökonomiestudierende lernen das Fiat-System als Naturgesetz. Medizinstudierende lernen, Symptome zu behandeln und die entsprechende Medikation, aber nicht Ursachen zu hinterfragen.

Politikwissenschaftler lernen, wie man den Status quo verteidigt – nicht, wie man ihn überwindet.

Auch die Medien spielen eine ganz wesentliche Schlüsselrolle. Sie sind schon länger keine vierte Gewalt mehr – sie sind Teil des Systems. Ihre Aufgabe ist nicht Aufklärung, sondern Framing.

Mit Techniken wie Agenda Setting, Priming und Gatekeeping wird festgelegt, worüber gesprochen wird – und wie. Kritische Stimmen werden marginalisiert, diffamiert, gelöscht.

Dabei nutzen sie gezielt Angst als Steuerungsinstrument. Angst vor Krankheit, Angst vor Krieg, Angst vor Klimakatastrophe, Angst vor Armut. Angst lähmt den Verstand, aktiviert archaische Überlebensmuster – Flucht, Unterwerfung, Angriff. Und während die Menschen in Angst gehalten werden, wird das System stabilisiert.

Psychologen wie Gustave Le Bon, Wilhelm Reich oder Erich Fromm haben das Phänomen der Massenpsychologie tiefgehend analysiert. Le Bon beschrieb, wie rationale Individuen in der Masse zu irrationalen Herdentieren werden.

Reich analysierte, wie sexuelle Unterdrückung zur politischen Passivität führt. Fromm zeigte, wie Menschen vor der Freiheit fliehen – weil sie Verantwortung scheuen.

Die Frage ist: Wie durchbricht man diese Matrix?

Der erste Schritt ist radikale Ehrlichkeit, vor allem sich selbst gegenüber. Die Bereitschaft, den eigenen Irrtümern ins Auge zu sehen. Die Demut, zuzugeben, getäuscht worden zu sein. Der Mut, sich gegen den Strom zu stellen – auch wenn es Einsamkeit bedeutet.

Der zweite Schritt ist Bildung – nicht im institutionalisierten Sinn, sondern im aufklärerischen. Bücher wie „The Fiat Standard" von Saifedean Ammous, „End the Fed" von Ron Paul oder „Die Psychologie der Massen" von Le Bon bieten Einsichten, die systematisch verschwiegen werden.

Der dritte Schritt ist Gemeinschaft. Wer sich allein gegen das System stellt, bricht oft. Doch in der Verbindung mit Gleichgesinnten entsteht Kraft. Netzwerke, lokale Gruppen, dezentrale Projekte – sie sind der Nährboden einer neuen Gesellschaft.

Und schließlich: das Handeln. Es reicht nicht, die Matrix zu erkennen. Man muss sie verlassen. Das bedeutet: sich vom Schuldgeldsystem zu lösen, alternative Informationsquellen zu nutzen, autonome Strukturen aufzubauen.

Es bedeutet vor allem: Nein zu sagen. Zum System, zur Lüge und zur Bequemlichkeit. Es fordert auf zum Ungehorsam. Nicht mehr mitmachen!

Denn die gute Nachricht ist: Die Matrix braucht unsere Zustimmung, um zu funktionieren.

Sobald wir sie verweigern, bricht sie zusammen. Die Freiheit beginnt bei uns im Kopf. Und sie endet, wenn wir sie aufgeben – aus Angst, aus Gewohnheit und aus falscher Loyalität.

Wir müssen den Mut finden, uns selbst zu befreien. Nicht, weil es leicht ist – sondern weil es notwendig ist. Aufhören mitzumachen. In allen Bereichen.

Quellen:

• Gustave Le Bon: „Psychologie der Massen" (1895)

• Erich Fromm: „Die Furcht vor der Freiheit" (1941)

• Wilhelm Reich: „Massenpsychologie des Faschismus" (1933)

• Ron Paul: „End the Fed" (2009)

• Saifedean Ammous: „The Fiat Standard" (2021)

• Rubikon, Multipolar, Swiss Policy Research, TKP.at, Uncut-News

• www.mises.org, www.goldseiten.de, www.reitschuster.de

Kapitel 15

Medien, Bildung, Propaganda: Die Werkzeuge der Meinungskontrolle

„Wer die Vergangenheit kontrolliert, kontrolliert die
Zukunft.
Wer die Gegenwart kontrolliert, kontrolliert die
Vergangenheit."

George Orwell

Wenn Macht sich absichern will, braucht sie mehr als
Polizei, Justiz oder Militär. Sie braucht Kontrolle über die
Gedanken der Menschen. Denn wer definiert, was als wahr
gilt, der kontrolliert, wie Menschen handeln.

In der modernen Gesellschaft geschieht diese Kontrolle
nicht mehr mit Stacheldraht und Zensur – sondern subtiler,

eleganter, aber nicht weniger effektiv: durch Medien, durch Bildung, durch gezielte Propaganda.

Beginnen wir mit den Medien – der sogenannten „vierten Gewalt". Ihre eigentliche Aufgabe wäre es, die Mächtigen zu kontrollieren, Skandale aufzudecken, die Öffentlichkeit zu informieren. In der Praxis jedoch haben sich große Teile der Medienlandschaft längst in das Machtkartell eingereiht.

Sie agieren nicht mehr unabhängig, sondern sind Teil des Systems, das sie vorgeben zu überwachen.

Wie konnte es dazu kommen? Der erste Faktor ist die Eigentümerstruktur. In Deutschland gehören rund 80 % der Printmedien nur wenigen Verlagsgruppen: Axel Springer, Bertelsmann, Funke, Burda, Madsack. Ähnlich in den USA: Die „Big Five" – Disney, Comcast, Warner Bros. Discovery, Paramount Global, Fox – kontrollieren einen Großteil der Fernsehlandschaft.

Hinter diesen Konzernen stehen große Investoren: BlackRock, Vanguard, State Street – dieselben Akteure, die auch an Rüstungsfirmen, Pharma, Tech und Finanzsektor beteiligt sind.

Der zweite Faktor ist die politische Verflechtung. Chefredakteure treffen sich mit Regierungsvertretern, sitzen in Gremien, Stiftungen, Atlantik-Brücken.

Der Journalist und ehemalige ZDF-Redakteur Wolfgang Herles sprach offen von „Themenvorgaben" aus der Politik.

Udo Ulfkotte, einst bei der FAZ, berichtete in seinem Buch „Gekaufte Journalisten", wie westliche Geheimdienste Einfluss auf Redaktionen nahmen.

Der dritte Faktor ist wirtschaftlicher Druck. Durch sinkende Auflagen und Werbeeinnahmen sind viele Medienhäuser abhängig von staatlichen Anzeigen, Förderprogrammen, Spenden von Stiftungen wie Gates Foundation, Open Society oder Rockefeller Foundation. Kritische Recherchen zu Pharmakonzernen, Rüstung oder Finanzeliten werden so indirekt unterdrückt.

Das Ergebnis ist ein einheitliches Meinungsklima. Statt Pluralismus gibt es Konsenszwang. Themen wie Finanzsystemkritik, Corona-Maßnahmen, NATO-Kriege oder Klimapolitik werden nur in engen Korridoren diskutiert.

Wer ausschert, wird diffamiert: als „Verschwörungstheoretiker", „Rechtspopulist", „Querdenker" oder „Putinversteher".

Doch auch jenseits der Nachrichten wirkt die Manipulation – in Serien, Filmen, Talkshows, Kinderprogrammen. Werte, Weltbilder und Normen werden durch wiederholte Bilder und Erzählmuster geprägt.

Die Kulturindustrie (nach Adorno und Horkheimer) ist nicht Ausdruck von Freiheit – sondern ein Instrument zur Formatierung der Massen.

Der zweite große Bereich der Meinungskontrolle ist das Bildungssystem. Schon im Kindergarten beginnt die Konditionierung: Anpassung, Gehorsam, Normierung. Kreative Kinder gelten schnell als „auffällig", systemkritische Eltern als „problematisch".

In der Schule setzt sich das fort: Frontalunterricht, Bulimielernen und Klausuren. Nicht Verständnis zählt, sondern Wiederholung. Nicht Reflexion, sondern nur Reproduktion.

Kritisches Denken wird nicht gefördert, sondern unterdrückt. Politische Bildung reduziert sich oft auf das Abfeiern der EU, das Verurteilen des Nationalstaats, das Relativieren von Grundrechten im Namen „höherer Ziele".

Die herrschende Ideologie wird nicht vermittelt – sie wird implementiert. Wer dagegen denkt, fällt durch. Auch die Lehrpläne spiegeln eine klare Agenda. Geldsystemkritik? Fehlanzeige. Medienkompetenz? Ja, aber nur im Sinne der Erkennung von „Fake News", also allem, was vom offiziellen Narrativ abweicht.

Die komplexen Machtstrukturen hinter Zentralbanken, WHO, WEF oder NATO kommen nicht vor. Es ist ein Bildungssystem, das keine aufgeklärten Bürger will – sondern gehorsame Funktionsträger.

In den Universitäten setzt sich dieses Bild fort. Forschung wird zunehmend durch Drittmittel gesteuert – also durch Unternehmen, Stiftungen, Interessenverbände. Wer publizieren will, braucht Fördergelder. Wer Karriere machen will, muss sich anpassen. Der freie Diskurs wird ersetzt durch Peer Review-Kartelle, Cancel Culture und ideologische Filterblasen.

Der dritte Bereich ist die gezielte Propaganda durch Regierungen und NGOs. Der Begriff „Propaganda" gilt heute als negativ – doch Regierungen betreiben sie ständig, nur unter anderen Namen: „Informationskampagnen", „Bewusstseinsbildung", „Krisenkommunikation". In Wahrheit geht es um Meinungslenkung.

Beispiele gibt es viele. Die „Bundeszentrale für politische Bildung" (bpb) vermittelt ein klar links-liberales Weltbild. Das „Correctiv" wird als „Faktenchecker" gehandelt, arbeitet aber eng mit Ministerien, Konzernen und US-Plattformen wie Facebook zusammen. Die „Initiative Neue Soziale Marktwirtschaft" (INSM) tarnt neoliberale Lobbyarbeit als Bildung.

Auch in internationalen Krisen – etwa bei der Ukraine, Corona oder Klima – agieren PR-Agenturen wie Hill+Knowlton, Edelman oder Burson Cohn & Wolfe im Hintergrund. Sie erstellen Slogans, Kampagnen, emotionale Bilder. Die „Message Control" wird professionalisiert – mit psychologischen Methoden, Social Media-Algorithmen, Behavioural Science.

George Orwell schrieb einst, dass wahre Freiheit bedeutet, sagen zu dürfen, dass zwei und zwei vier ist – auch wenn die Partei das Gegenteil behauptet. Heute heißt

Meinungsfreiheit: sagen zu dürfen, dass der Euro ein Enteignungsinstrument ist. Oder dass die EZB keine neutrale Institution ist.

Oder dass Bitcoin mehr Demokratie ermöglicht als alle G20-Gipfel zusammen. Doch dafür braucht es Mut. Denn die gesellschaftlichen Sanktionen sind real: Jobverlust, Ausschluss, Rufmord.

Deshalb sind unabhängige Medien, alternative Plattformen und dezentrale Bildungsnetzwerke so wichtig. Denn nur wer die Werkzeuge der Meinungskontrolle erkennt, kann sich ihrer entziehen. Und nur wer sich ihnen entzieht, kann wirklich frei denken.

Quellen:

• Udo Ulfkotte: „Gekaufte Journalisten" (2014)

• Noam Chomsky: „Manufacturing Consent" (1988)

• George Orwell: „1984" (1949)

• Adorno/Horkheimer: „Dialektik der Aufklärung" (1944)

• Ernst Wolff: „Finanz-Tsunami" (2022)

• Rubikon, NachDenkSeiten, Swiss Policy Research, Uncut-News

• www.bpb.de, www.correctiv.org, www.lobbycontrol.de

Kapitel 16

Warum Demokratie ohne freies Geld eine Illusion ist

„Es gibt keinen Weg, eine freie Gesellschaft zu bewahren, wenn man ihr das Recht nimmt, über ihr eigenes Geld zu bestimmen.“

Friedrich August von Hayek

Demokratie lebt vom Mitwirken der Bürger, von freiem Diskurs, von der Kontrolle der Macht durch das Volk. Doch was passiert, wenn das wichtigste Mittel zur Ausübung dieser Macht – das Geld – nicht mehr in den Händen der Bürger liegt, sondern zentral manipuliert wird?

Dann wird Demokratie zur Illusion. Eine schöne Fassade, hinter der sich ein Herrschaftssystem verbirgt, das nicht gewählt, nicht kontrolliert, nicht haftbar gemacht werden kann.

In modernen Demokratien entscheiden Parlamente über Gesetze, Regierungen über Steuern, Gerichte über Rechte. Doch über die Geldmenge, über den Wert unserer Währung, über Inflation und Kaufkraft entscheiden andere: die Zentralbanken.

Diese sind unabhängig – nicht im Sinne von frei, sondern im Sinne von unkontrollierbar.

Die Europäische Zentralbank, die Federal Reserve, die Bank of England – sie alle agieren jenseits demokratischer Kontrolle. Ihre Präsidenten werden nicht gewählt, ihre Sitzungen sind geheim, ihre Entscheidungen haben unmittelbare Auswirkungen auf das Leben von Milliarden Menschen.

Sie beeinflussen Zinsen, Staatsfinanzierungen, Bankenstabilität – ohne jede demokratische Legitimation.

Ein Beispiel: Als Mario Draghi 2012 sagte, die EZB werde „alles tun, um den Euro zu retten", war das ein politischer Akt. Er stabilisierte damit nicht nur die Märkte, sondern auch Regierungen.

Als Christine Lagarde 2020 Corona-Anleihen ankaufte, war das ebenfalls ein politischer Akt – eine verdeckte Transferunion.

Beide Male wurde Geldpolitik zur Ersatzpolitik – ohne Wahl, ohne Debatte, ohne Verantwortung.

Gleichzeitig haben die Bürger kaum noch Mittel, sich gegen diese Politik zu wehren. Sparen wird durch Niedrigzinsen entwertet. Inflation frisst Kaufkraft. Steuern steigen, aber die Gegenleistung sinkt. Der soziale Vertrag – du zahlst, der Staat sorgt – wird gebrochen.

Und doch bleibt das System bestehen. Warum? Weil es keine monetäre Alternative gibt – solange das Geldmonopol nicht infrage gestellt wird.

Demokratie braucht Wahlfreiheit – auch beim Geld. Doch genau diese Freiheit existiert nicht. Wer heute in Euro, Dollar oder Yen bezahlt, tut das nicht freiwillig. Er wird durch Gesetz dazu gezwungen.

Das sogenannte „Fiat-Money" ist ein staatlich verordnetes Monopol. Wer sich ihm entziehen will – etwa durch Gold, Tauschhandel oder Kryptowährungen –, wird kriminalisiert, reguliert oder marginalisiert.

Diese Zwangsstruktur hat tiefgreifende Folgen:

1. **Entkopplung von Leistung und Wohlstand**: In einem freien Geldsystem würde sich Wohlstand aus Leistung ergeben. Im Fiat-System genügt es, nahe an der Geldquelle zu sein – also an der Zentralbank. Wer zuerst Zugriff auf neues Geld hat (Banken, Staaten, Konzerne), profitiert. Die Masse zahlt durch Inflation.

2. **Finanzierung von Politik ohne Zustimmung**: In der Demokratie soll das Parlament über den Haushalt entscheiden. Doch wenn der Staat sich bei der Zentralbank finanziert, umgeht er diesen Prozess. Das bedeutet: Programme, Kriege, Subventionen können finanziert werden, ohne dass das Volk zustimmt.

3. **Verlust der Kontrolle über das Eigentum**: Wer Geld nicht mehr als Eigentum, sondern als Lizenz betrachtet – die jederzeit entwertet, gesperrt oder kontrolliert werden kann –, lebt nicht in einer freien Gesellschaft. Sondern in einem geldtechnologischen Feudalismus.

4. **Manipulation von Meinung durch monetäre Abhängigkeit**: Wenn Medien, Bildung, Wissenschaft von staatlicher Finanzierung abhängig sind, und dieser Staat sich durch Fiat-Geld unbegrenzt finanzieren kann, dann ist auch die Meinungsfreiheit nur relativ. Denn wer zahlt, befiehlt.

Der Schein von Demokratie bleibt erhalten – Wahlen finden statt, Parteien konkurrieren, Parlamente tagen. Doch der Kern der Macht liegt woanders: im Geld. Und wer das Geld kontrolliert, kontrolliert auch die Politik.

Das beste Beispiel ist die Rolle der Banken in der Politik. Nach der Finanzkrise 2008 wurden die größten Banken nicht etwa zerschlagen – sie wurden gerettet. Wieder mal mit unseren Steuergeldern.

Warum? Weil das System auf ihrer Existenz basiert. Und weil sie zu eng mit den Machtstrukturen verwoben sind.

Goldman Sachs, JP Morgan, Deutsche Bank – sie alle stellen regelmäßig Minister, Zentralbanker, Berater. Mario Draghi war Vizepräsident bei Goldman Sachs, Christine Lagarde war IWF-Chefin, Olaf Scholz beriet BlackRock. Die Türen zwischen Politik und Finanzwelt stehen sperrangelweit offen.

Die Konsequenz: Ein System der weichen Korruption. Nicht durch Schmiergeld, sondern durch Abhängigkeit. Nicht durch Diktatur, sondern durch Ohnmacht.

Und die Lösung? Demokratisierung des Geldes. Das bedeutet nicht, dass jeder Bürger Geld drucken darf – sondern dass Geld wieder durch Regeln, Transparenz und Knappheit begrenzt wird.

Bitcoin ist hier ein perfekter Weg: Eine Währung ohne Zentralbank, mit festgelegter Geldmenge, offenem Quellcode, global zugänglich. Eine Währung, die sich keiner politischen Willkür beugt, sondern mathematischen Regeln folgt. Das ist keine Utopie – das ist angewandte Demokratie im digitalen Raum.

Denn nur wenn Menschen über ihr Geld selbst entscheiden können, können sie auch über ihr Leben entscheiden. Freiheit beginnt beim Geldbeutel.

Und endet dort, wo dieser nur noch mit Zustimmung einer Zentralbank geöffnet werden darf. Die Demokratie, wie wir sie heute erleben, ist keine mehr. Sie ist politisch organisiert und monetär entmündigt. Solange das so bleibt, ist sie keine echte Demokratie, sondern eine Lüge. Sie ist ein schlechtes Schauspiel, eine kontrollierte Illusion.

Oder ein Wolf im Schafspelz. Eine in Vorbereitung befindliche, sozialistische Diktatur im Deckmantel der Demokratie. Es ist allerhöchste Zeit, das zu ändern, bevor es für uns alle zu spät ist.

Quellen:

• Friedrich August von Hayek: „Denationalisation of Money" (1976)

• Ron Paul: „End the Fed" (2009)

• Saifedean Ammous: „The Bitcoin Standard" (2018)

• Ernst Wolff: „Finanz-Tsunami" (2022)

• Rubikon, Multipolar, Uncut-News, NachDenkSeiten, Swiss Policy Research

• www.mises.org, www.bitcoinmagazine.com, www.goldseiten.de

Kapitel 17

Bitcoin: Die Erfindung des perfekten Geldes

„Wir haben es mit Bitcoin mit einer politischen
Revolution zu tun – einer Revolution gegen das Fiat-
System und seine Institutionen."

Saifedean Ammous

Es gibt Erfindungen, die den Lauf der Geschichte
verändern – nicht nur durch ihre Funktion, sondern durch
ihre Wirkung auf Machtverhältnisse. Das Rad veränderte
den Transport. Der Buchdruck befreite das Wissen. Das
Internet globalisierte die Kommunikation.

Bitcoin aber zielt direkt auf das Fundament moderner
Macht: das Geld.

In einer Welt, in der Fiat-Währungen auf Schulden, Zentralisierung und Kontrolle basieren, stellt Bitcoin einen zivilisatorischen Bruch dar. Es ist die erste digitale Form von Geld, die völlig dezentral funktioniert, mathematisch begrenzt ist und nicht inflationiert werden kann. Und keiner Regierung gehört.

Es ist ein echtes monetäres Freiheitsinstrument. Und es ist gekommen, um zu bleiben.

Fiat-Geld ist ein Werkzeug der Umverteilung. Es begünstigt jene, die nah an der Geldquelle sitzen, wie Zentralbanken, Großbanken und staatliche Einrichtungen. Die breite Bevölkerung hingegen verliert kontinuierlich an Kaufkraft.

Das Ergebnis ist ein systematischer Vermögenstransfer von unten nach oben, verschleiert durch komplexe Mechanismen wie Inflation, Nullzinspolitik, Geldmengenwachstum und „Quantitative Easing".

Bitcoin ist das genaue Gegenteil. Es basiert auf Knappheit, nämlich auf maximal 21 Millionen Einheiten. Diese absolute Begrenzung ist mathematisch in den Code eingebrannt und durch das dezentrale Netzwerk globaler Nodes abgesichert.

Niemand, kein Staat, kein Unternehmen und keine Person kann diese Geldpolitik verändern. Das schafft Vertrauen – nicht in Menschen, sondern in Regeln.

Die Erfindung von Bitcoin im Jahr 2008 durch den bis heute anonym gebliebenen Satoshi Nakamoto fiel nicht zufällig mit dem Höhepunkt der Finanzkrise zusammen.

Die erste Nachricht, versteckt im Genesis-Block der Blockchain, lautete: „The Times 03/Jan/2009 Chancellor on brink of second bailout for banks."

Es war ein Protest gegen ein korruptes Geldsystem – und der Aufruf zu einer neuen Ordnung.

Heute, im Jahr 2025, ist Bitcoin längst kein Nischenphänomen mehr. Es ist ein globales Asset. Es wird von Konzernen, Staaten, Familien und Individuen gehalten. Unternehmen wie MicroStrategy unter CEO Michael Saylor haben mehr als 200.000 BTC in der Bilanz – ein strategischer Schritt gegen die Entwertung von Fiat-Geld.

Saylor nennt Bitcoin „digitales Eigentum" – ein sicherer, grenzloser Wertspeicher, vergleichbar mit digitalem Grundbesitz.

Auch Gamestop, das legendäre Unternehmen hinter der Reddit-Investorenrevolte, nutzt Bitcoin mittlerweile als Teil seiner Strategie, um sich von traditionellen Finanzstrukturen unabhängig zu machen.

Die deutsche Bitcoin-AG „TwentyOne" geht sogar noch weiter: Sie investiert gezielt in Mining-Infrastruktur, Lightning-Technologie und Bildungsprojekte.

Und auch politisch ist Bewegung in die Sache gekommen: Donald Trump, seit Januar 2025 erneut Präsident der Vereinigten Staaten, kündigte an, Bitcoin in die nationalen Reserven aufzunehmen.

In seiner Grundsatzrede zur wirtschaftlichen Souveränität sprach er von Bitcoin als „strategischem Vermögenswert der Zukunft" und ließ durchblicken, dass die USA „nicht nur beim Militär, sondern auch bei der monetären Technologie" Weltmacht bleiben müssten.

Trump plant laut Berichten aus dem US-Treasury Department ein Pilotprogramm zur Integration von Bitcoin in die Staatsreserven – parallel zu Gold.

Es wäre ein historischer Schritt: Der erste souveräne Staat mit offiziellen BTC-Reserven. Für viele ein klares Signal: Bitcoin ist gekommen, um zu bleiben – und sogar das Spiel der Nationen zu verändern.

Auch in Deutschland wächst die Szene. Roman Reher – bekannt als der „Blocktrainer" – ist die zentrale Bildungsinstanz für Tausende Bitcoin-Neulinge. Mit technischem Know-how, volkswirtschaftlicher Bildung und unermüdlichem Engagement räumt er mit Mythen auf, warnt vor Shitcoins und Scam-Projekten und betont immer wieder:

Bitcoin ist kein Investment, sondern ein Werkzeug zur Selbstbefreiung.

„Bitcoin ist nicht für schnelle Gewinne da. Es ist für dich da, wenn alles andere scheitert", so Reher in einem seiner meistgesehenen Vorträge. Seine Community wächst, seine Reichweite ebenso.

Reher ist für viele, was Hayek für die Freiheit des Geldes war: ein Aufklärer gegen das Geldmonopol.

Technisch basiert Bitcoin auf einem offenen, globalen Netzwerk von Computern, die über das Proof-of-Work-Verfahren neue Blöcke erstellen. Jede Transaktion wird darin unwiderruflich vermerkt. Die Blockchain ist öffentlich, transparent und unveränderlich.

Bitcoin ist damit das erste digitale Asset, das absolute Eigentum ermöglicht – ohne Dritte, ohne Banken, ohne Institutionen.

Die Geldpolitik ist festgelegt: Alle vier Jahre halbiert sich die neu ausgegebene Menge (Halving). Im Jahr 2024 wurde das vierte Halving erfolgreich abgeschlossen – nun entstehen nur noch 3,125 BTC pro Block.

Dadurch nimmt das Angebot weiter ab, während die Nachfrage kontinuierlich steigt.

Was Bitcoin so einzigartig macht:

1. **Begrenzung**: Nur 21 Millionen BTC – für immer.

2. **Dezentralität**: Kein Server, keine zentrale Instanz, keine Manipulation.

3. **Transparenz**: Jeder kann alle Transaktionen prüfen – in Echtzeit.

4. **Unveränderbarkeit**: Kein Staat kann Guthaben einfrieren oder löschen.

5. **Zensurresistenz**: Auch in autoritären Staaten nutzbar.

6. **Grenzenlosigkeit**: Über Landesgrenzen hinweg übertragbar – in Sekunden.

Bitcoin ist mehr als Technik – es ist Philosophie. Es ist der Versuch, Eigentum wieder zu entkoppeln von politischer Willkür. Es ist ein System, das nicht Vertrauen erfordert, sondern Verifikation („Don't trust, verify"). Und es ist ein Werkzeug gegen Tyrannei – sanft, aber sehr mächtig.

Die Angriffe auf Bitcoin werden zunehmen – das ist sicher. Zentralbanken, Regierungen, ESG-Fanatiker und CBDC-Architekten – sie alle sehen in Bitcoin ein Risiko und eine echte Bedrohung.

Nicht, weil es technisch unsicher wäre – sondern weil es ihre Macht infrage stellt. Wer nicht kontrollieren kann, will zerstören.

Doch Bitcoin ist widerstandsfähig. Es wurde schon tausendfach für tot erklärt – und überlebte alles. China verbot Mining: Das Netzwerk passte sich an. Regierungen verhängten Verbote: Die Nutzung verlagerte sich ins Peer-to-Peer. Der Preis fiel um 80 %: Die Community baute weiter.

2025 ist Bitcoin stärker als je zuvor. Die Zahl der Wallets, die Zahl der Full Nodes, die Hashrate – alles auf Allzeithoch. Die Lightning-Technologie ermöglicht Mikrozahlungen in Millisekunden.

Die Entwicklung neuer Layer-2-Protokolle schreitet rasant voran. Bitcoin ist nicht nur das erste, sondern auch das stabilste Krypto-Asset.

Wer Bitcoin versteht, erkennt: Es geht nicht um Rendite. Es geht um Unabhängigkeit und Vermögenssicherung. Ganz einfach um die Kontrolle über das eigene Vermögen. Um Freiheit in einer Welt, die zunehmend zentralisiert, kontrolliert und zensiert wird.

Die Welt steht an einem Scheideweg. Die einen wollen mehr Kontrolle, mehr Überwachung, mehr Staat. Die anderen wollen Freiheit und Unabhängigkeit und wählen Bitcoin.

Nicht, weil es bequem ist – sondern weil es existenziell wichtig ist.

Und am Ende wird nicht der lauteste gewinnen. Sondern der, der die besseren Regeln für die Menschheit hat. Bitcoin hat sie ganz sicher.

Quellen:

• Saifedean Ammous: „The Bitcoin Standard" (2018), „The Fiat Standard" (2021)

• Michael Saylor & MicroStrategy BTC-Bilanz: www.microstrategy.com

• Donald Trump: Grundsatzrede zur US-Wirtschaft vom 10. März 2025 (WhiteHouse.gov)

• Roman Reher (Blocktrainer): YouTube, www.blocktrainer.de, Podcast „Was Bitcoin bringt"

• Lyn Alden: Makro-Analysen & Bitcoin Reports (www.lynalden.com)

• Andreas Antonopoulos: „Internet of Money" (2016–2018)

• TwentyOne AG, Bitcoin-Strategie: www.twentyone.ag

• Bitcoin.org, Mises.org, Uncut-News, Rubikon, Multipolar

Kapitel 18

Dezentralisierung als Revolution

„Wenn du die Macht verteilen willst,
musst du die Kontrolle über das Geldsystem
entziehen.“

Andreas M. Antonopoulos

Die Geschichte der Menschheit ist die Geschichte zentraler Kontrolle – und ihrer immer wieder aufflammenden Gegenbewegungen. Königreiche, Imperien, Nationalstaaten, supranationale Organisationen: Sie alle haben eines gemeinsam – sie streben nach Kontrolle über Ressourcen, Menschen und Informationen.

Und fast immer ist diese Kontrolle auf einem einzigen unsichtbaren Pfeiler aufgebaut: zentralem Geld.

Doch was wäre, wenn dieser Pfeiler fällt? Wenn das Geld selbst nicht mehr von einer zentralen Instanz kontrolliert wird, sondern von einem dezentralen, unveränderlichen, transparenten Netzwerk?

Genau das bedeutet Bitcoin. Und genau das macht Bitcoin nicht zu einer technischen Innovation – sondern zu einer echten politischen Revolution.

Dezentralisierung ist mehr als ein architektonisches Prinzip. Es ist ein Machtverschiebungsmechanismus. Sie nimmt jene Werkzeuge der Kontrolle – Zensur, Enteignung, Inflation – und entzieht sie der Verfügung einer kleinen Elite.

Stattdessen werden sie durch ein Regelwerk ersetzt, das für alle gilt – ohne Ausnahme, ohne Sonderrechte.

Diese Form der Machtverlagerung hat es in der Geschichte so noch nie gegeben. Denn selbst das Internet – ursprünglich als dezentrale Kommunikationsstruktur gedacht – wurde mit der Zeit durch zentrale Plattformen wie Google, Facebook, Amazon und YouTube wieder monopolisiert.

Die Server stehen zentral. Die Algorithmen sind intransparent. Die Daten gehören den Konzernen.

Bitcoin hingegen bleibt dezentral – weil es in seiner Struktur so gebaut ist. Es gibt keinen Server, den man abschalten könnte. Keine Firma, die verklagt werden kann.

Kein CEO, der umkippen könnte. Kein Büro, das gestürmt werden kann. Bitcoin lebt auf tausenden Rechnern weltweit. Und jeder dieser Rechner kann jede Regel jederzeit überprüfen.

Diese radikale Transparenz ist eine direkte Bedrohung für zentrale Macht. Deshalb ist Bitcoin nicht nur eine Konkurrenz zu Fiat-Geld – es ist eine Konkurrenz zu jeder Form politischer Kontrolle.

Denn wer das Geld kontrolliert, kontrolliert eben alles. Er kontrolliert, wer was kaufen darf, er kontrolliert, welche Projekte finanziert werden. Er kontrolliert, welche Meinung gefördert oder unterdrückt wird und er kontrolliert, welche Länder hungern oder wachsen.

Dezentralisierung durchbricht diesen Kreislauf. Es schafft ein Level Playing Field – eine gemeinsame Basis, auf der jeder teilnehmen kann. Ohne einen Ausweis, ohne Erlaubnis und ohne Bankkonto.

Und diese Machtverschiebung ist bereits voll im Gange. Überall auf der Welt entstehen lokale Bitcoin-Communities, Lightning-Startups, Nonprofit-Bildungsprojekte. In Regionen ohne Banken, wie z.B. Subsahara-Afrika, ermöglichen Bitcoin-Handys und Offline-Transaktionen erstmals echte Teilhabe am globalen Wirtschaftsleben.

Auch immer mehr Unternehmen erkennen die Kraft der Dezentralisierung. Statt zentralisierter Plattformen entstehen Peer-to-Peer-Modelle, DAO-Strukturen (dezentrale autonome Organisationen) und Open-Source-Projekte, die sich selbst finanzieren – mit Bitcoin als Rückgrat.

Ein besonders eindrucksvolles Beispiel ist El Zonte, das „Bitcoin Beach" in El Salvador. Dort wurde Bitcoin zuerst nicht durch Gesetze, sondern durch Nutzung etabliert. Händler, Fischer, Lehrer usw., sie alle nutzen BTC.

Ohne Banken und ohne Bürokratie. Als das Modell funktionierte, machte Präsident Nayib Bukele Bitcoin zum offiziellen Zahlungsmittel. Es war der erste Schritt in eine monetär souveräne Zukunft.

Dezentralisierung verändert auch das Bewusstsein. Wer Bitcoin nutzt, denkt anders: Er denkt langfristig, nicht kurzfristig. Er denkt unabhängig, nicht abhängig. Und er denkt in Eigentum, nicht in Schulden.

Und genau deshalb ist Dezentralisierung gefährlich für das bestehende System. Denn ein Mensch, der sich nicht kontrollieren lässt, ist politisch unberechenbar. Und ein Netzwerk, das sich nicht abschalten lässt, ist ein Albtraum für jede Zentralmacht.

Die kommende Auseinandersetzung wird daher nicht zwischen Links und Rechts stattfinden, nicht zwischen Kapitalismus und Sozialismus – sondern zwischen zentral und dezentral. Zwischen Kontrolle und Freiheit. Zwischen Fiat und Bitcoin.

Bitcoin ist nicht das Ende der Geschichte. Es ist der Anfang. Der Anfang einer Welt, in der Macht nicht in Büros, sondern in Code gegossen wird. In der die Regeln wichtiger sind als die Herrscher.

Und in dem Eigentum auch wieder etwas bedeutet.

Man könnte sagen, die Revolution hat begonnen. Aber sie ist friedlich, sie ist digital und sie ist dezentral.

Quellen:

• Andreas Antonopoulos: „The Internet of Money" (2016–2018)

• Saifedean Ammous: „The Bitcoin Standard" (2018)

• Lyn Alden: Bitcoin & Makroanalysen (www.lynalden.com)

• Roman Reher (Blocktrainer): „Bitcoin verstehen" – Podcast und YouTube

• Bitcoin Beach: www.bitcoinbeach.com • www.bitcoin.org, www.mises.org, www.tallycoin.app

• Rubikon, Swiss Policy Research, Uncut-News, Multipolar

Kapitel 19

Warum Staaten Bitcoin bekämpfen – und es trotzdem verlieren werden

„Erst ignorieren sie dich, dann lachen sie über dich, dann bekämpfen sie dich – und dann gewinnst du.“

Mahatma Gandhi

Bitcoin ist also viel mehr als nur ein digitales Asset. Es ist eine Infragestellung der bestehenden Machtordnung. Ein Angriff auf das Fundament zentralstaatlicher Kontrolle: das Geldmonopol.

Und genau deshalb fürchten Staaten Bitcoin. Sie versuchen es zu ächten, ignorieren, zu regulieren oder zu verbieten – doch sie werden scheitern. Denn Bitcoin ist nicht aufzuhalten.

Es ist die erste Währung, die keinen Herausgeber hat. Kein Zentrum und keine Schwachstelle.

Staaten und ihre Zentralbanken leben vom Fiat-Geldsystem. Sie können durch Geldschöpfung Staatsausgaben finanzieren, Kriege führen, Banken retten, Subventionen verteilen – alles ohne unmittelbare Zustimmung der Bevölkerung.

Diese monetäre Allmacht ist das Herzstück moderner Staatsapparate.

Bitcoin hingegen entzieht ihnen genau diese Macht. Denn wer Bitcoin nutzt, braucht keine Bank, kein SWIFT-System, keinen Zahlungsdienstleister.

Er benötigt nur ein Handy und eine Internetverbindung – oder im Notfall nicht einmal das. Bitcoin lässt sich über Satelliten senden, über Funkwellen, sogar über QR-Codes auf Papier.

Das macht es für Staaten gefährlich. Denn es entzieht ihnen die Kontrolle – über Transaktionen, über Ersparnisse, über Kapitalflüsse.

Wer in Bitcoin spart, spart außerhalb staatlicher Reichweite. Wer mit Bitcoin handelt, entzieht sich der Überwachung. Wer Bitcoin nutzt, braucht keine Erlaubnis.

Deshalb versuchen Staaten weltweit, Bitcoin zu bekämpfen – auf unterschiedliche Weise:

– **China** hat das Mining verboten, obwohl es einst über 60 % der weltweiten Hashrate stellte.

– **Indien** erwog mehrmals ein Totalverbot, ruderte jedoch zurück.

– **EU-Staaten** diskutieren immer wieder über strenge Regulierungen, KYC-Pflichten und Meldeauflagen.

– **Die USA** regulieren über die SEC, CFTC und IRS – mit widersprüchlichen Regeln und Bürokratie.

Doch keine dieser Maßnahmen konnte Bitcoin stoppen. Im Gegenteil: Jedes Verbot, jede Einschränkung zeigt nur, wie groß die Angst ist – und wie machtvoll das System.

Ein besonders aktuelles Beispiel ist die Rückkehr von Donald Trump in das Präsidentenamt. Seine Ankündigung, Bitcoin-Reserven aufzubauen, hat geopolitische Bedeutung.

Es ist ein Signal an andere Staaten: Bitcoin ist kein Feind – sondern strategisches Kapital. Der Versuch, es zu verbieten, ist nicht nur sinnlos – sondern gefährlich für die eigene Zukunft.

Auch Nationen wie El Salvador, Ruanda, die Zentralafrikanische Republik oder neuerdings Argentinien unter Präsident Milei zeigen: Bitcoin kann eine nationale Strategie sein – für Souveränität, Unabhängigkeit, Innovation.

Warum werden Staaten trotzdem verlieren?

1. **Technologische Unaufhaltbarkeit**: Bitcoin ist nicht zentral angreifbar. Es gibt keine Firma, keine zentrale Infrastruktur. Jede Node ist ein Verteidiger des Netzwerks.

2. **Wirtschaftliche Anreize**: Immer mehr Menschen, Unternehmen und Fonds erkennen den Wert von Bitcoin als Wertspeicher. Angebot und Nachfrage sind global – keine nationale Maßnahme kann das stoppen.

3. **Geopolitischer Wettbewerb**: Wenn ein Land Bitcoin verbietet, wandert das Kapital in andere Länder ab. Wer Bitcoin fördert, zieht Innovation, Talente und Investitionen an.

4. **Gesellschaftlicher Rückhalt**: Millionen Menschen weltweit nutzen Bitcoin – nicht als Spekulation, sondern als Lebensgrundlage. In Ländern mit Hyperinflation, Korruption oder Kapitalkontrollen ist Bitcoin Überlebensstrategie.

5. **Narrative-Kontrolle bricht**: Früher galt: Wer die Medien kontrolliert, kontrolliert die Meinung. Doch heute gibt es Podcasts, dezentrale Plattformen, Aufklärer wie der Blocktrainer (Roman Reher), Lyn Alden oder Saifedean Ammous. Die Wahrheit verbreitet sich viral – trotz aller Zensur.

Der Krieg gegen Bitcoin ist auch ein Krieg gegen unsere Freiheit. Und dieser Krieg wird seitens der Staaten verloren werden. Und das nicht durch Gewalt, sondern durch schlichte Überlegenheit. Bitcoin ist nicht mehr aufzuhalten.

Bitcoin ist das bessere Geld. Es ist das beste Geld, was der Mensch je hatte. Es ist fair, transparent und begrenzt. Und es belohnt Tugenden: Geduld, Sparsamkeit und Weitsicht.

Die Staaten, die sich Bitcoin öffnen, werden erheblich profitieren. Diejenigen, die es bekämpfen, werden zurückfallen und verlieren.

Denn Bitcoin ist nicht mehr aufzuhalten. Es ist kein Projekt. Kein Unternehmen. Kein Produkt. Es ist ein Netzwerk. Eine Idee. Eine Bewegung. Es ist Freiheit für uns Menschen.

Und Ideen kann man nicht verbieten. Man kann sie nur bekämpfen – und am Ende doch verlieren.

Quellen:

- Andreas Antonopoulos: „The Internet of Money"

- Saifedean Ammous: „The Bitcoin Standard", „The Fiat Standard"

- Donald Trump: Rede zur Bitcoin-Strategie (WhiteHouse.gov, März 2025)

- Blocktrainer.de (Roman Reher), YouTube & Podcast

- Lyn Alden: Bitcoin & Makro (www.lynalden.com)

- World Bank Reports zu Bitcoin in Schwellenländern (2024/2025)

- www.bitcoin.org, www.mises.org, www.unpluggedbitcoin.com

- Rubikon, Swiss Policy Research, Multipolar

Kapitel 20

Vom Sklaven zum Souverän: Ein Handbuch zur finanziellen Selbstbefreiung

„Wer nicht über Geld nachdenkt, wird über sein Leben nicht entscheiden.“

Andreas M. Antonopoulos

Finanzielle Freiheit darf kein abstraktes Ideal sein. Sie ist eine elementare Voraussetzung für echte Selbstbestimmung. Solange Menschen in einem Geldsystem leben, dass sie nicht verstehen, dass sie nicht kontrollieren und dass sie systematisch enteignet, sind sie nicht frei und werden es nie sein.

Sie sind Teilnehmer an einem Spiel, dessen Regeln sie nicht kennen und dass sie nicht gewinnen können. Doch es gibt einen Ausweg. Und er beginnt mit Wissen, Mut und dem ersten Schritt in Richtung Souveränität.

In den letzten Kapiteln dieses Buches haben wir die Mechanismen eines globalen Fiat-Geldsystems entlarvt, das auf Schulden, Enteignung, Inflation und Kontrolle basiert.

Wir haben gezeigt, wie Staaten, Zentralbanken, Medien und Konzerne mit vereinten Kräften ein System geschaffen haben, das nur auf Lügen aufgebaut ist – und wie Bitcoin diese Lügen jetzt in Frage stellt. Nun geht es darum, was du tun kannst. Denn der Ausweg beginnt bei dir.

1. Die mentale Entkolonialisierung Der erste Schritt zur finanziellen Selbstbefreiung ist ein psychologischer: Du musst verstehen, dass du in einem manipulierten System aufgewachsen bist. Die Vorstellung, dass Geld „von Natur aus" von Staaten ausgegeben werden muss, ist eine Illusion. Geld muss nicht zentral verwaltet werden.

Es muss nur Vertrauen, Knappheit, Teilbarkeit und Übertragbarkeit gewährleisten. Bitcoin zeigt: Geld geht auch ohne Staat.

Du musst begreifen, dass Inflation kein Naturgesetz ist, sondern eine politische Entscheidung. Dass Armut nicht zwangsläufig ist, sondern eine Folge von Fehlanreizen. Dass Banken keine Dienstleister, sondern Machtinstrumente sind. Wer das erkannt hat, macht sich innerlich frei.

2. Bildung als Waffe Der zweite Schritt ist Bildung. Nicht die Schulbildung, die dich auf ein Leben als Steuerzahler vorbereitet, sondern echte finanzielle Bildung. Lerne, wie unser Geldsystem funktioniert. Studiere die Geschichte des Goldstandards. Lies Hayek, Mises, Rothbard, Ammous. Verfolge unabhängige Medien. Nutze YouTube-Kanäle wie Blocktrainer, Podcasts wie „What Bitcoin Did" oder „BTC-Echo". Folge Experten wie Lyn Alden, Alex Gladstein oder Natalie Smolenski.

Je mehr du verstehst, desto weniger manipulierbar bist du. Bildung ist die Grundlage jeder echten Unabhängigkeit. Und sie beginnt mit einem simplen, aber revolutionären Satz: „Ich will mein Geld selbst kontrollieren."

3. Praktische Umsetzung: Deine ersten Schritte mit Bitcoin Viele Menschen bleiben Zuschauer, weil sie denken, Bitcoin sei „zu technisch", „zu kompliziert" oder „zu riskant". Dabei ist der Einstieg einfacher als gedacht – und der Nutzen langfristig unermesslich.

– **Eröffne eine Wallet**: Nutze eine non-custodial Wallet wie BlueWallet, Phoenix oder Sparrow Wallet. Halte niemals Bitcoin auf Börsen, wo du nicht die privaten Schlüssel kontrollierst.

– **Kaufe regelmäßig kleine Beträge** (Dollar Cost Averaging): Wöchentlich 10, 20 oder 50 Euro – unabhängig vom Kurs.

– Schaffe dir unbedingt Hardware Wallets wie z.B. die Schweizer Bitbox an, nur dann hast du absolute Sicherheit

– **Lerne, deine Keys zu sichern**: Schreibe deine 12 oder 24 Wörter auf Papier. Verwahre sie sicher, offline.

– **Verstehe das Lightning-Netzwerk**: Damit kannst du Bitcoin in Sekunden und fast kostenlos versenden.

– **Nutze Bitcoin als Zahlungsmittel**: Unterstütze Shops, Freelancer oder Projekte, die BTC akzeptieren.

4. Digitale Hygiene und Privatsphäre Finanzielle Selbstbefreiung bedeutet auch: Deine Spuren im Netz zu minimieren. Nutze VPNs. Nutze Browser wie Brave oder Tor. Vermeide zentrale Börsen, die deine Daten speichern. Verwende CoinJoin oder andere Privacy-Tools, wenn du größere Beträge bewegst.

Bitcoin ist pseudonym – nicht anonym. Wer deine Adresse kennt, kennt deine Historie. Deshalb ist Datenschutz kein Verbrechen, sondern ein existenziell wichtiges Schutzschild.

5. Dein Vermögen außerhalb des Systems aufbauen Denk in Zyklen. Halte Bitcoin als langfristige Reserve. Diversifiziere sinnvoll in physische Werte: Gold, Silber, Land, Werkzeuge, Lebensmittelvorräte. Bereite dich darauf vor, im Notfall unabhängig zu sein – nicht nur digital, sondern auch real.

Wer in Bitcoin spart, spart außerhalb der Reichweite von Inflation, Kapitalverkehrskontrollen und Bankenschließungen. Du wirst unbestechlich – und schwer angreifbar.

6. Gemeinschaft und Netzwerke Freiheit ist schwer allein zu tragen. Vernetze dich mit Gleichgesinnten. Besuche Bitcoin-Treffen. Gründe eine lokale Zelle. Teile Wissen. Tauscht Strategien. Unterstützt euch gegenseitig.Dezentrale Gemeinschaften sind robuster als jede Ideologie. Und Bitcoin braucht genau das: Menschen, die Verantwortung übernehmen – für sich und andere.

7. Der ethische Kompass Deine Befreiung ist auch ein Akt der Verantwortung. Denn mit deinem Handeln beeinflusst du die Zukunft anderer. Wenn du Bitcoin nutzt, stimmst du mit deinem Geld gegen Krieg, Enteignung, Überwachung. Du hilfst Menschen in autoritären Staaten. Du unterstützt Systeme, die Freiheit verkörpern.

Bitcoin ist ein Werkzeug – und wie jedes Werkzeug kann es zum Guten oder zum Schlechten genutzt werden. Sorge dafür, dass du zu jenen gehörst, die es aufrichtig und mutig einsetzen.

8. Langfristigkeit statt Aktionismus Der Wandel braucht Zeit. Bitcoin ist kein Hype – es ist ein Generationenprojekt. Halte durch, wenn die Kurse fallen. Bleib ruhig, wenn der mediale Gegenwind stark ist. Erinnere dich: Du bist nicht hier, um „reich zu werden". Du bist hier, um frei zu werden.

9. Erkenne deine eigene Macht Staaten können Gesetze ändern. Börsen können schließen. Banken können einfrieren. Aber niemand kann dir deine privaten Schlüssel nehmen – wenn du sie richtig sicherst.

Diese Erkenntnis ist der Wendepunkt: Du bist nicht machtlos. Du bist souverän. Du kannst dein Leben gestalten – auch gegen den Strom.

10. Weitergeben – das Vermächtnis der Souveränität Wenn du verstehst, was du erkannt hast, gib es unbedingt weiter. An deine Kinder. Deine Freunde. Deine Familie. Schaffe Bewusstsein. Sorge dafür, dass auch kommende Generationen ein Werkzeug haben, mit dem sie sich dem Zugriff der Macht entziehen können.

Denn Freiheit stirbt nicht in einem großen Knall. Sie stirbt in tausend kleinen Kompromissen. Bitcoin ist die Weigerung, diesen Weg mitzugehen.

Fazit: Vom Sklaven zum Souverän Du kannst aussteigen. Vielleicht nicht komplett und nicht sofort. Aber schrittweise kannst Du dich entziehen. Du kannst dich entkoppeln und Du kannst anfangen, Verantwortung für dein Geld – und damit für dein Leben – zu übernehmen.

Du bist nicht Opfer des Systems. Du bist ein Mensch. Und Menschen haben das Recht, in Würde zu leben – frei, selbstbestimmt, souverän.

Bitcoin gibt dir das Werkzeug. Der Rest liegt bei dir.

Quellen:

• Andreas Antonopoulos: „Internet of Money"

• Saifedean Ammous: „The Bitcoin Standard", „The Fiat Standard"

• Roman Reher (Blocktrainer): YouTube, Podcast, Tutorials

• Lyn Alden: Makroanalysen & Bitcoin (www.lynalden.com)

• Alex Gladstein: Human Rights Foundation, „Check Your Financial Privilege"

• Natalie Smolenski: Essays zur digitalen Souveränität

• Rubikon, Multipolar, Swiss Policy Research, Uncut News
• BTC-Echo, What Bitcoin Did, Stephan Livera Podcast

• www.bitcoin.org, www.mises.org, www.blockstream.com

Kapitel 21

Ausblick: Die neue Welt – Freiheit oder digitale Diktatur?

„Unsere größte Angst sollte nicht sein, dass wir scheitern, sondern dass wir in einem System erfolgreich sind, das uns versklavt."

Unbekannt

Die Welt steht am Scheideweg. Nie zuvor in der Geschichte der Menschheit waren die technischen Mittel zur Kontrolle so umfassend, so effizient, so verführerisch – und gleichzeitig war der Ausweg so greifbar.

In der einen Richtung: eine digitale Diktatur, zentralisiert, überwacht, durch Algorithmen gesteuert. In der anderen: eine dezentrale Welt, selbstbestimmt, offen, auf der Freiheit des Einzelnen aufgebaut.

Die Entscheidung liegt bei uns. Sie wird nicht in Parlamenten getroffen, nicht auf G20-Gipfeln, nicht in UNO-Sitzungen. Sie wird getroffen in den Wohnzimmern, den Köpfen und Herzen ganz gewöhnlicher Menschen.

Sie beginnt mit der Frage: Will ich Eigentum – oder nur Zugriff? Will ich Wahrheit – oder Bequemlichkeit? Will ich Freiheit – oder Sicherheit?

Die Architektur der digitalen Diktatur

Die Infrastruktur für die totale Kontrolle ist längst geschaffen. Zentralbankgeld in digitaler Form (CBDCs) verspricht Effizienz, Bequemlichkeit, Steuerbarkeit. Doch was nach technologischem Fortschritt klingt, ist in Wahrheit ein Albtraum für jede Form persönlicher Autonomie.

– **Digitale IDs** verbinden Gesundheitsdaten, Finanzen, soziale Netzwerke, Reiseverhalten und mehr. Wer „falsch" handelt, wird sanktioniert.

– **Sozialkreditsysteme** wie in China zeigen, wohin der Weg führt: Punktesysteme für Wohlverhalten, Sanktionen bei Kritik.

– **CO2-Tracking** und „nachhaltiger Konsum" werden zum Einfallstor für Klima-Sanktionen gegen den Einzelnen.

– **Künstliche Intelligenz** verwaltet Datenmengen, trifft Entscheidungen über Kredite, Versicherungen, Aufenthaltsrechte.

Diese Systeme werden eingeführt „zu unserem Schutz" – vor Terrorismus, Pandemie, Steuerflucht, Fake News.

Doch sie dienen nicht der Sicherheit – sondern der Kontrolle. Kontrolle durch Staaten, Konzerne, transnationale Gremien.

Die digitale Mauer wächst

– Die WHO will mit dem geplanten Pandemieabkommen globale Gesundheitsbefugnisse

– samt digitalem Impfausweis.

– Das WEF (World Economic Forum) propagiert die „vierte industrielle Revolution"

– inklusive Verschmelzung von Mensch und Maschine.

– In Europa werden seit 2024 Vorschläge diskutiert und bereits umgesetzt, Bargeld-Obergrenzen drastisch zu senken und private Wallets zu verbieten.

All das ist kein Zufall. Es ist Teil eines globalen Transformationsplans – hin zu einer Welt, in der nicht mehr der Mensch im Zentrum steht, sondern ein System der algorithmischen Überwachung.

Der alternative Weg: Bitcoin und die dezentrale Renaissance

Doch es gibt Hoffnung. Und diese Hoffnung ist nicht utopisch, sondern technisch greifbar. Bitcoin ist mehr als ein monetäres Asset – es ist ein zivilisatorisches Fundament für eine freie Gesellschaft im digitalen Zeitalter.

– **Eigentum**: Niemand kann dir deine privaten Schlüssel nehmen. Du brauchst keine Bank, keinen Staat, keine Erlaubnis.

– **Privatsphäre**: Bitcoin kann so verwendet werden, dass Transaktionen anonymisiert und verschlüsselt sind.

– **Transparenz und Fairness**: Die Regeln sind offen. Es gibt keine Geheimverhandlungen, keine willkürlichen Änderungen.

– **Zugang für alle**: Ob arm oder reich, Nord oder Süd – Bitcoin diskriminiert nicht.

Eine Welt auf Basis dezentraler Systeme ist eine Welt, in der jeder Mensch wieder zählt. In der Kooperation mehr gilt als Kontrolle. In der das Wissen frei ist. In der das Vertrauen nicht nötig ist, weil die Struktur selbst Vertrauen ersetzt.

Bildung, Gemeinschaft, Aktion

Der Kampf um diese neue Welt wird nicht mit Waffen geführt, sondern mit Bildung. Jeder, der heute eine Bitcoin-Wallet eröffnet, jede, die Lightning nutzt, jeder, der seine

Eltern, Kinder oder Freunde aufklärt – sie alle sind Teil der friedlichsten Revolution der Menschheitsgeschichte.

Wir stehen am Anfang eines neuen Zeitalters. Doch es hängt von uns ab, ob es ein Zeitalter der digitalen Diktatur oder ein Zeitalter digitaler Freiheit wird.

Werden wir weiterhin bequem sein und dafür alles opfern? Oder werden wir unbequem und leben in Würde?

Die Entscheidung

Die Zukunft ist nicht geschrieben. Sie entsteht in jeder Entscheidung, die wir treffen. In jeder Zahlung, die wir tätigen. In jedem Gespräch, das wir führen. In jeder Wahrheit, die wir aussprechen – auch wenn sie unbequem ist.

Freiheit beginnt nicht mit Gesetzen. Sie beginnt mit Mut. Und Bitcoin ist ein Werkzeug für diesen Mut. Es ist keine Garantie – aber eine Chance.

Die Fiat-Welt wird untergehen. Die Frage ist nur: Was kommt danach? Diktatur oder Dezentralität? Kontrolle oder Verantwortung? Kollektive Knechtschaft oder individuelle Souveränität?

Du hast die Wahl. Wir alle haben sie. Und nur wir treffen sie an jedem neuen Tag.

Quellen:

- Andreas Antonopoulos: „The Internet of Money"

- Saifedean Ammous: „The Bitcoin Standard", „The Fiat Standard"

- Natalie Smolenski: Essays zur digitalen Identität

- Alex Gladstein: „Check Your Financial Privilege", HRF Reports

- Roman Reher (Blocktrainer): YouTube, Podcast, Interviews

- WHO Pandemic Treaty – Entwurfsfassung 2024/2025

- EU-MiCA-Verordnung, ECB-CBDC Reports

- WEF White Papers: Digital ID, 4th Industrial Revolution
- Rubikon, Multipolar, TKP, Swiss Policy Research, Uncut-News

- www.mises.org, www.bitcoin.org, www.bitcoinmagazine.com

Schlusswort des Autors:

Wenn Du dieses Buch bis hierher gelesen hast, dann gehörst Du zu jener Minderheit, die sich nicht damit zufriedengibt, „einfach mitzumachen". Du bist jemand, der fragt, der hinterfragt und der Antworten sucht.

Und genau deshalb schreibe ich dieses Nachwort nicht als Autor in der Distanz, sondern als Mensch, als Unternehmer, als Vater einer erwachsenen Tochter, als Finanzexperte und als Dein Mitstreiter.

Ich habe über drei Jahrzehnte lang das Weltfinanzsystem analysiert, die weltweiten Märkte beobachtet und diverse Geldflüsse verfolgt.

Ich habe viele Auf- und Abschwünge miterlebt, politische Krisen, Blasen, Zusammenbrüche, Währungsreformen, geldpolitische Tricks und Betrügereien, sowie psychologische Manipulationen.

Und irgendwann wurde mir sehr klar:

Dieses System ist in sich derart verfestigt und korrumpiert, es ist schlicht nicht reformierbar. Und auch nicht korrigierbar. Es ist in sich derart fehlerhaft und bösartig.

Und sein Scheitern ist keine Eventualität, sondern absolute Gewissheit.

Mein Buch hier ist nun mein Versuch, Dir nicht nur die nackten Fakten, die historischen Entwicklungen und die politischen Interessen darzulegen, sondern Dir auch ein Werkzeug und eventuelle Hilfe und Auswege an die Hand zu geben.

Ein Werkzeug, das nicht nur analytisch, sondern auch praktisch ist. Denn Wissen ohne Handlung ist wertlos.

Wir leben heute in einer Welt, in der Geld nicht länger ein Ausdruck von Leistung, Vertrauen oder Wert ist, sondern ein sehr brutales Mittel der Erpressung, der Manipulation, der Enteignung und Kontrolle.

Ein System, das uns vorgaukelt, wir seien frei, während es uns subtil total knechtet und in Schach hält. Unter anderem über Zinsen, über Inflation, über Steuern und über Schulden.

Und nun im Jahr 2025:

– stehen wir an einem Kipppunkt. Die Vorzeichen sind unübersehbar:

– Staaten sind fast alle komplett überschuldet. – Zentralbanken sind in der Sackgasse. – Inflation zerstört Ersparnisse.

– CBDCs klopfen an die Tür.

– Digitale Überwachung ist salonfähig geworden.

– Medien sind Teil der Finanzindustrie.

Was also tun? Aufgeben? Abwarten? Vertrauensselig sein?

Nein. Jetzt ist die Zeit, in der Du handeln musst. Denn Dein Vermögen ist nicht sicher. Deine finanzielle Zukunft und die Deiner Lieben ist nicht geschützt.

Und Dein Eigentum ist nicht garantiert, sondern stark bedroht, solange Du Teil eines Systems bleibst, das Du nicht kontrollieren kannst.

Ich sage das nicht, um Dir Angst zu machen. Ich sage es hier noch einmal, um Dich jetzt wachzurütteln.

Damit Du die Kontrolle dir zurückholen kannst– Schritt für Schritt, souverän und selbstbewusst.

Was bedeutet finanzielle Selbstverteidigung heute?

1. **Verstehen, was Geld wirklich ist.** Nicht Kreditpunkte auf dem Kontoauszug. Nicht Zentralbankversprechen. Sondern: Knappheit. Zeit. Energie. Vertrauen.

2. **Erkennen, was mit Ihrem Geld geschieht.** Negativzinsen, Inflation, Steuerdruck, stille Enteignung, Aushöhlung von Eigentumsrechten.

3. **Sich entziehen – mit Strategie.** Gold. Bitcoin. Sachwerte. Autonomie. Bildung. Vernetzung.

Viele Menschen glauben, sie könnten das Spiel weiterspielen – einfach noch ein bisschen mitmachen, noch ein paar Jahre durchhalten. Aber genau das ist die größte

Illusion und Gefahr. Denn das Fiat-System ist wie ein brennendes Haus: Man kann es nicht weiter bewohnen, während man auf die Feuerwehr wartet.

Bitcoin als Freiheitsarchitektur

Ich habe ehrlich gesagt auch nicht immer an Bitcoin geglaubt bzw. Bitcoin richtig verstanden. Wie viele andere auch, hielt ich es zunächst für einen Hype. Doch je tiefer ich über die Jahre einstieg, je mehr ich verstand, was diese Technologie wirklich bedeutet, desto klarer wurde mir:

Bitcoin ist kein klassisches Investment. Es ist ein wunderbares Befreiungsinstrument.

Es ist ein digitales Eigentum, das unabhängig ist von Staaten, Banken und Konzernen ist. Ein Geld, das man nicht fälschen, nicht entwerten und eben auch nicht abschaffen kann. Ein Netzwerk, das keine Genehmigung braucht, sondern nur ein wenig Verständnis.

Würdest Du mich fragen, was Du tun sollst? Nun, ich kann Dir natürlich nur sagen, was ich tue. Ich empfehle hier nichts, ich berate nicht, vermittle nicht oder Ähnliches. Es ist nur meine persönliche Meinung und meine Entscheidung.

Ich persönlich habe mich entschieden, immer einen Teil meines Vermögens in Bitcoin zu sichern. Nicht, weil ich Spekulant bin, sondern weil ich Realist bin und denke, ich liege absolut richtig.

Gibt es einen Preis von Bitcoin, wo man nicht mehr kaufen sollte?

Klare Antwort: Nein! Der jeweilige Kurs ist nicht wichtig, denn es ist in erster Linie ein Wertspeicher und eine Absicherung.

Warte nicht, bis es zu spät ist. Denn wenn Fiat-Geld kippt, wenn die Kapitalflucht einsetzt, wenn die stattliche Kontrolle greift – dann werden jegliche Auswege blockiert. Wer dann nicht vorbereitet ist, hat verloren.

Das Vermögen sichern heißt: sich selbst sichern

Dein Vermögen ist nicht nur Geld. Es ist Deine bisherige Lebensleistung, Deine Zukunft und die Sicherheit Deiner Familie.

Es ist Deine Würde und Deine Unabhängigkeit. Und genau deshalb verdient es mehr als Vertrauen in ein kaputtes System.

Sichere Dein Vermögen:

– Hole Dir unabhängige Beratung.

– Streue klug

– geografisch, technisch, rechtlich.

– Bilde Dich weiter

– jeden Tag.

– Schaffe Zugänge für Deine Familie.

– Erkläre anderen, was Du verstanden hast.

Ein Aufruf an alle, die nicht weiterschlafen wollen

Dieses Buch ist kein Schlafmittel für den späten Abend. Es ist ein Wecker und ein Ruf, aufzustehen. Jetzt endlich Verantwortung zu übernehmen. Den eigenen Kurs zu ändern und im besten Fall auch darüber zu sprechen.

Du wirst dann sicher Gegenwind bekommen. Denn die meisten Menschen lieben ihre Ketten. Sie werden sagen: „Das wird schon nicht so schlimm." Oder: „Das kann man doch nicht ändern." Doch Wahrheit ist nicht demokratisch. Sie ist wie Bitcoin dezentral. Und nur wer ihr ins Auge sieht, kann handeln.

Ich schreibe dieses Nachwort als Mensch und freier Mann. Ich bin ganz sicher auch nicht perfekt und mache sicher hier und da auch Fehler.

Aber ich habe für mich entschieden, nicht mehr mitzuspielen in einem Spiel, das Menschen brutal kontrolliert, manipuliert und unterdrückt.

Ich lade Dich jetzt hier herzlich ein, es mir gleichzutun.

Die Welt verändert sich drastisch. Die Frage ist: Wirst Du einfach mit verändert – oder gestaltest Du jetzt mit?

In Dir allein liegt die Kraft. Deine Gedanken sind frei. Deine Entscheidungen sind mächtig, wenn Du dich traust.

Und Dein Geld kann ein Instrument der Befreiung sein – wenn Du es zulässt und jetzt die richtigen Schritte gehst.

Ich wünsche Dir nun den nötigen Mut, die Klarheit und die Disziplin, die für Dich richtigen Entscheidungen, so dass Du und Deine Familie eine sichere und freie Zukunft hast.

Herzlichst

Jörns Bühner

„Freiheit ist niemals mehr als eine Generation vom Aussterben entfernt.

Wir haben sie nicht im Blut an unsere Kinder weitergegeben.

Sie muss erkämpft, geschützt und weitergegeben werden."

Ronald Reagan

„Alle Menschen sind klug:

die einen vorher, die anderen nachher"

Voltaire

Weiter Publikationen von Jörns Bühner sind:

"Der Angriff auf unsere Zukunft"

Wie Ideologie, Medien und Macht
unsere Freiheit bedrohen

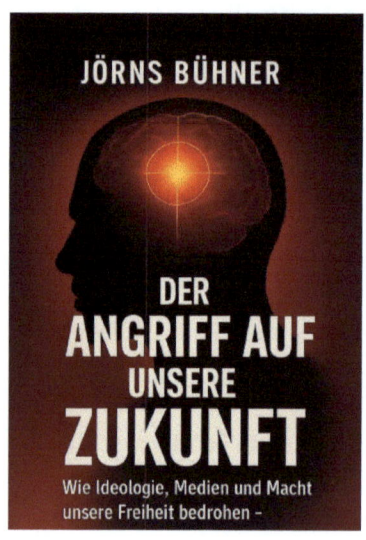

Wir leben in einer Zeit des Umbruchs. Eine Zeit, in der Wahrheit zur Meinung wird, Freiheit zur Floskel und Kontrolle zum Alltag. Was, wenn wir nicht mehr denken, sondern nur noch reagieren? Was, wenn unsere Kinder nicht mehr wachsen, sondern nur noch funktionieren sollen? Dieses Buch ist ein Weckruf. Es zeigt auf, wie Medien, Ideologien und mächtige Netzwerke gezielt unsere Denkweise beeinflussen - subtil, dauerhaft, tiefgreifend. Es geht um mehr als Politik. Es geht um unsere Würde. Unsere Werte. Unsere Zukunft. Dieses Buch ist nicht langatmig, sondern sehr ehrlich, prägnant, kurzweilig, klar und präzise auf den Punkt gebracht.

166 Seiten
BoD Verlag
ISBN: 9783769351798
€ 22,70

Der Cholesterin-Schwindel

Wie Medikamente und Mythen
unsere Gesundheit gefährden

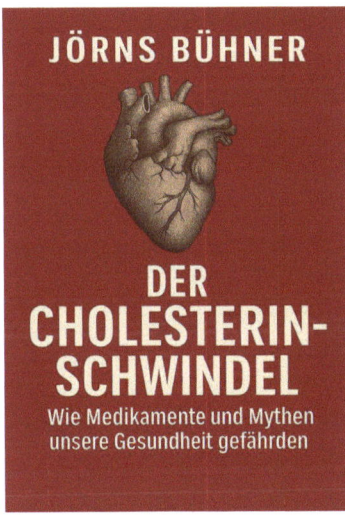

Cholesterin – seit Jahrzehnten als gefährlicher Feind unserer Gesundheit verteufelt. Doch was, wenn alles ganz anders ist? In *„Der Cholesterin-Schwindel"* deckt Jörns Bühner auf, wie ein medizinischer Irrtum zur Milliardenindustrie wurde – und warum Millionen Menschen unnötig Medikamente einnehmen, die mehr Schaden als Nutzen bringen. Dieses Buch hinterfragt sehr kritisch die gängigen Empfehlungen der Pharmaindustrie und Schulmedizin, beleuchtet neueste wissenschaftliche Erkenntnisse und zeigt auf, wie Cholesterin tatsächlich im Körper wirkt – lebenswichtig statt lebensgefährlich. Ein aufrüttelndes Sachbuch für alle, die Gesundheit endlich selbst in die Hand nehmen wollen – fundiert, mutig und hochaktuell.

Ab Juni 2025 erhältlich
228 Seiten
ISBN: 9783819265174
€ 22,70

Im Würgegriff der Klima-Agenda

Der CO2 Schwindel
Der zweite Angriff auf die Menschheit

Dieses Buch ist keine Klimaleugnung, sondern ein wahrer Befreiungsschlag. Ein tiefgründiger, mutiger und radikal ehrlicher Blick hinter die Fassade der Klima-Ideologie. Es zeigt auf, wer wirklich profitiert, wer manipuliert und wer zahlt. Es analysiert faktenbasiert, erzählt fesselnd und spricht aus, was andere nicht einmal zu denken wagen. Kurzweilig, prägnant, klar, ehrlich und ohne Zensur.

Ab Juni 2025 erhältlich
152 Seiten
ISBN: 9783769351798
€ 22,70